股票超入門 14

U0035241

不經典、不實用的放一邊，新手入市懂這些就夠！

以股創富
101個 關鍵字

舊版賣光光！
加值增訂版

———————— 方天龍 著

恆兆文化

CO   ENT

PART

o**3**

買賣點關鍵字 走勢型態×22個　097

PART

人氣度關鍵字 量價關係×15個　153

o5

進出時機關鍵字技術指標×22個

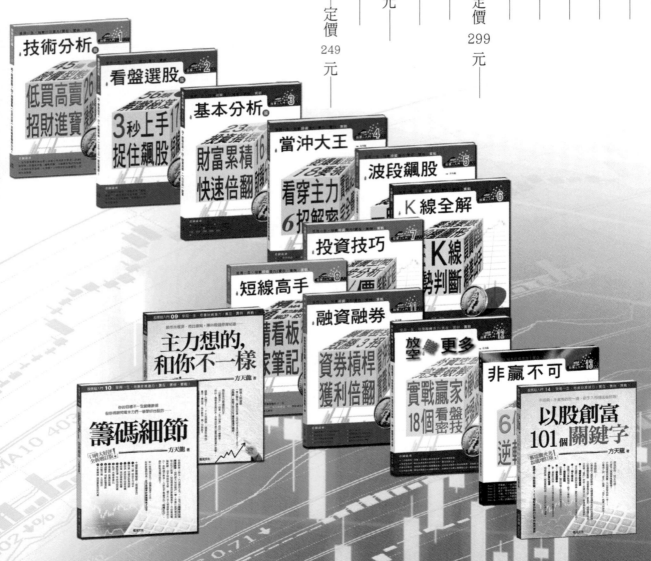

PART 1

價格關鍵字
不敗經典×21個

股票不是新行業，
被大家沿用、傳訟的經典理論，
絕對有其價值。
大師手把手，
數百年投資功力一次灌給你！

Key Word *01*
技術分析

　　股價的「技術分析」，是相對於「基本分析」來說的。基本分析，著重在對個別公司的經營管理、行業動態進行研究，以衡量股價的高低、估計股票的價值；而技術分析，則是透過Ｋ線圖形或量化指標，從過去的股價趨勢和變化研究市場可能的走向，以推測未來價格的變動趨勢。

　　一檔股票的技術指標，主要是由股價、成交量或漲跌指標等數據算出來的，可見得技術分析只關心股市本身的變化，而不受任何政治、經濟等因素所影響。

　　基本分析的目的，是為了判斷股票現在的價位合不合理，並研究它未來的發展空間，而技術分析主要是預測短期內股價漲跌的趨勢。透過基本分析，我們可以知道應該買什麼股票；而技術分析，就是告訴我們何時是最好的買賣時機。

　　從時間觀點比較，技術分析偏重短期，在預測新舊趨勢的轉折點上，優於基本分析；但在預測較長期趨勢，卻不如基本分析。大多數成功的投資人都是把兩種分析合起來用。用基本分析看長期趨勢，用技術分析判斷短期走勢和買賣時間。

基本分析和技術分析，都主張股價由「供需關係」所決定。在預測股價走勢時，基本分析關心的是影響供需關係的因素；而技術分析只注重股價本身的變化。技術分析的觀點是：所有股票的實際供需量及背後的心理因素（包括市場上每個人對未來的希望、擔心、恐懼等等），都會集中反映在股票的價格和成交量上。

技術分析的理論基礎是空中樓閣理論（見「空中樓閣理論」關鍵字）。但是，在學術界，技術分析學說並未被認同——因為他們認為，過去的股價並不能推測未來；但是在實務界，技術分析卻廣受歡迎、普遍被採用。

技術分析非常重視人氣的聚散，並且以Ｋ線圖為指標，比較常見的Ｋ線圖型，包括頭肩頂、Ｍ頭、Ｗ底等等。比較常用的技術分析工具，有移動平均線（MA）、相對強弱指標（RSI）、指標平滑異同移動平均線（MACD）、隨機指標（ＫＤ值）、乖離率（BIAS）等等。

圖1-1　影響行情的所有因素都已反應在圖表上：

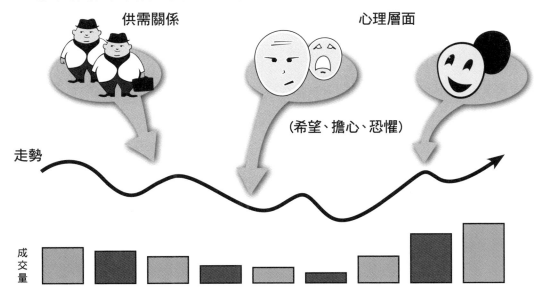

供需關係　　心理層面

（希望、擔心、恐懼）

走勢

成交量

Key Word *02*
空中樓閣理論

　　空中樓閣理論是美國著名經濟學家凱恩斯於1936年提出的，它是後來大多數學者專家技術分析的理論基礎。

　　該理論完全拋開股票的內在價值，強調股價是心理構造出來的空中樓閣。**投資人所以願以一定的價格購買某種股票，是因為他相信有人會用更高的價格向他購買這種股票。至於股價的高低，並不重要，重要的是他相信有個更大的「笨蛋」願以更高的價格購買。精明的投資人不必去計算股票的內在價值，只要搶在最大「笨蛋」之前成交，也就是趕在股價達到最高點之前買進股票，而在股價達到最高點之後將它賣出。這樣就夠了。**

　　凱恩斯認為，股票價值雖然理論上取決於未來收益，但因進行長期計畫既難又不準確，所以應該把長期計畫濃縮為一連串的短期計畫。於是，就不必為不知道10年後這個投資會不會變成泡沫而失眠，因為隨時可以修改判斷、變換投資內容。

凱恩斯把這種行為比作選美比賽。

他說：「選股如選美。」他以英國當時流行的報刊「美嬰有獎評選」為例，來說明選股為什麼必須克服自己的偏好。

在這種評選中，只有把選票投給得票最多的嬰兒才能得獎。因此選美者個人對美醜的判斷標準並不重要，個人的看法不能作為自己投票的依據，投票者能否得獎的關鍵，是要瞭解社會大眾對嬰兒美醜的看法，這樣才能使自己的選擇與票數最多的選擇保持一致。進一步說，投票者僅僅猜測別的投票者的看法還不夠，還要猜測別的投票者會怎樣猜測其他投票者的看法，這樣才能保證在評選中得獎。

這就是說，對於自己無法改變的東西，只有順應潮流一條路可走。如果你想在這裏頭得到好處的話。

的確，「老婆要選自己中意的，股票要挑別人喜歡的」。尤其是要挑那些主力喜歡的股票。因為每一輪行情中的每一個熱點，無疑都是市場主力呼風喚雨的結果。

凱恩斯的見解

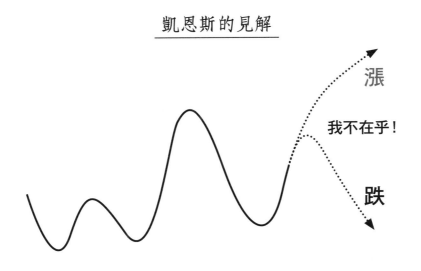

不必去計算股票的內在價值，只要搶在最大「笨蛋」之前成交，也就是趕在股價達到最高點之前買進股票，而在股價達到最高點之後將它賣出。這樣就夠了。

Key Word *03*
搏傻理論

　　「搏傻理論」，就是比傻的意思。當面臨一種投機行情時，有一種論調很像經濟學家凱恩斯的「空中樓閣理論」：只要有人比我更傻，我就能從中獲利。

　　簡單地說，「搏傻理論」就是「傻瓜贏傻瓜」的理論。小傻贏中傻，中傻贏大傻，依此類推，一直到最後，最傻、絕無僅有的傻瓜被套牢為止。

　　「搏傻理論」指出：股票價格並不是由其內在價值決定的，而是由投資人心理決定的，所以這理論有它非常虛幻的一面。相信搏傻理論的人，不是短線的投機客，就是迷信某一主力的投資人；不是在高檔時買進企圖傳給下一個投機客，就是誤以為主力一定會幫他賺大錢。偏偏主力都是在高檔才會告訴他「明牌」，於是他就套牢了。當主力下車、大勢已去時，他就變成「最後一隻老鼠」了。

　　人類受知識和經驗所限，對長期投資缺乏信心，加上人生短暫造成的短期行為，使投資大眾用一連串的短期計畫取代長期計畫，這原是無可厚非，但人類心理預期畢竟會受樂觀和悲觀情緒的影響而驟變，從而引起股票價格的劇烈波動。

Key Word *04*
群眾理論

　　所謂群眾理論，是指投資人在股市中很容易被群眾情緒所左右，做出盲目、衝動、後悔的買賣行為。

　　在家看盤既舒服又方便，為什麼仍有不少投資人喜歡坐在號子裡緊盯電視牆看盤呢？理由是在號子中有很多在家看不到的投資指標，和聽不到的各式消息。通常股市交投熱絡時，號子中人聲鼎沸，開盤前如果太晚到的投資人可能還找不到位子坐，因此當大家對股市走勢看好時，號子中的人氣成為一項不可或缺的指標。相反的，當投資大眾看淡股市時，號子的營業大廳也以空蕩來反應投資人的心情，因此如果開盤前號子裏除了營業員外，僅有寥寥數人的話，當天股價的表現可能不佳，不利短線操作。所以，在號子裡買賣股票，可以從人氣聚集程度看大盤走勢。

　　在號子看盤最有趣的，就是可以聽到來自不同投資人口中所謂的「明牌」，當然其中也不乏各種潛力股或是轉機股，有待投資人仔細分析個中原由。由於在號子裡投資人彼此之間會針對不同個股發表自己的看法，因此如果人脈良好，往往也能

比一般人得到更多的資訊。

　　號子中充斥許多消息面，但是投資人也很容易在群眾激情中做出錯誤的判斷，最怕的就是在不知不覺中，受有心人士利用炒作而追高套牢。

　　在盤中，個股的走勢也時常引來一些投資人的議論，除了已知的消息面外，股友們交談的內容有些也涉及公司的基本面，尤其當股友是某上市公司的員工時，透過聊天還可以在無意中得知該公司的營運狀況，而這樣的資訊可能比報上揭露的部分更真實，或是更早一步得知公司有哪些轉機。這樣的消息，就不是在家看盤的人想知道就可以知道的了！

　　但是，一個在獨處時很理性的人，在群眾裡很可能會跟隨著群眾，變得盲目、衝動。**根據法國著名的群眾心理學家里本的研究，人在群眾中最容易迷失自己，並且盲目地跟著群眾走。所以，股票投資人若能跟號子保持距離，在家看盤，就可以避免被群眾的情緒引導，做出不合理的、後悔的決定了。**

Key Word *05*
道氏理論

　　道氏理論，也叫「道氏股價理論」。

　　由美國人查理士·道（Charles H.Dow）在1900～1902年間所發明的「道氏理論」，是最早也是最著名的技術分析理論。

　　查理士·道是紐約《華爾街日報》的創始人之一，他長年在海邊觀察潮水的起落與波浪的變化，悟出了一套膾炙人口的股價理論。直到今天，談到技術分析，沒有人可以忽略它。

　　道氏理論的基本意義就是，股價的漲跌好比潮水的起起落落，怎麼上來就怎麼下去，並且能漲多少就會跌多少。

　　如今這一套理論仍是所有股價技術分析的拓荒者，諸如艾略特的波段理論、趨勢線和趨勢軌道理論、移動平均線理論、股票箱理論……等等，都受到道氏理論極深的影響。

　　道氏理論主張，股票價格運動有三種趨勢：

❶ 股票的基本趨勢：

即股價廣泛或全面性上升或下降的變動情形。這種變動持續的時間通常為一年或一年以上，股價總升（降）的幅度超過20％。對投資人來說，基本趨勢持續上升就形成了多頭市場，持續下降就形成了空頭市場。

道氏理論是從大的角度來看上漲和下跌的變動。只要下一個上漲的水準超過前一個高點，且每一個次級的下跌，其波底都較前一個下跌的波底高，那麼，股票的主要趨勢就是上升的，這可以稱為多頭市場；相反的，當每一個中級下跌將價位帶至更低的水準，而接著的彈升不能將價位帶至前面彈升的高點，股票的主要趨勢是下跌的，這就稱為空頭市場。

❷ 股價的次級趨勢：

股價運動的次級趨勢，經常與基本趨勢的運動方向相反，同時有一定的牽制作用，這就是股價的修正趨勢。這種趨勢持續的時間從3星期到半年不等，其股價上升或下降的幅度多為三分之一或三分之二。

道氏認為，任何和主要趨勢相反方向的行情，通常至少持續三個星期左右；下跌後會漲升1/3，然而，除了這個標準外，次級趨勢通常是混淆不清的，也始終是理論描述中的一個難題。

❸ 股價的短期趨勢：

股價運動的第三種趨勢稱為短期趨勢，反映了股價在幾天之內的變動情況。修正趨勢通常由三個或三個以上的短期趨勢所組成。它們是短暫的波動。很少超過三星期，通常少於六天。它們本身盡管是沒有什麼意義，但是使得主要趨勢的發展全過程富於神祕多變的色彩。

通常，不管是次級趨勢或兩個次級趨勢所夾的主要趨勢部分都是由一連串的三個或更多可區分的短期變動所組成。由這些短期變化所得出的推論很容易錯誤。

在一個無論成熟與否的股市中，短期變動都是唯一可以被「操縱」的。而主要趨勢和次要趨勢卻是無法被操縱的。

上述股票市場波動的三種趨勢，與海浪的波動極其相似。

在股票市場裡，主要趨勢就像海潮的每一次漲（落）的整個過程。其中，多頭市場好比漲潮，一個接一個的海浪不斷地湧來拍打海岸，直到最後到達標示的最高點，而後逐漸退去。逐漸退去的落潮可以和空頭市場相比較。在漲潮期間，每個接下來的波浪其水位都比前一波漲升的多而退的卻比前一波要少，進而使水位逐漸升高。在退潮期間，每個接下來的波浪比先前的更低，後一波者不能恢復前一波所達到的高度。漲潮（退潮）期的這些波浪就好比是次級趨勢。同樣，海水的表面被微波漣漪所覆蓋，這和市場的短期變動相比，是不重要的日常變動。

潮汐、波浪、漣漪分別代表著市場的主要趨勢、次級趨勢和短期變動。

圖5-1 多頭市場時

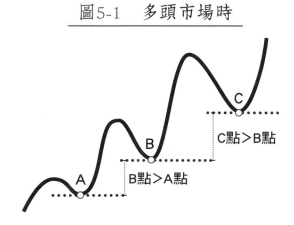

C點>B點

B點>A點

圖5-2 空頭市場時

B點<A點

C點<B點

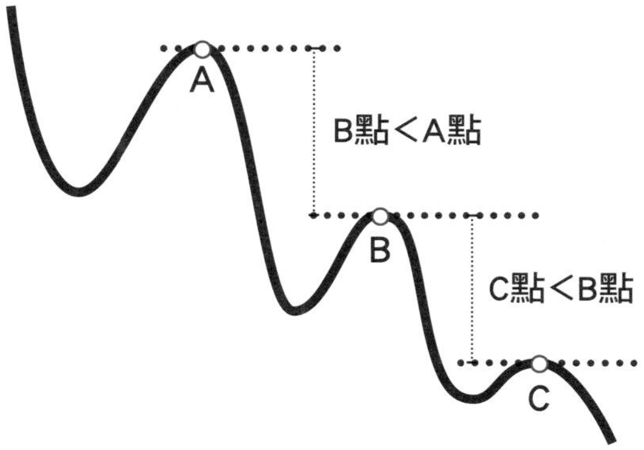

Key Word *06*
波浪理論

　　波浪理論是美國技術分析大師艾略特（R・E・Elliot）在1927年所發明的一種價格趨勢分析工具，也是一套完全靠觀察得來的規律行為，可用以分析股市指標、價格的走勢。它也是目前世界股市分析上運用最多，而又最難於瞭解和精通的分析工具。也有人把它稱為「艾略特波段理論」。今天台灣股市號稱「波浪大師」的專家們，都是師承艾略特。

　　艾略特認為，不管是股票還是其他商品價格的波動，都與大自然的潮汐、波浪一樣，一浪跟著一波，週而復始，具有相當程度的規律性，展現出週期循環的特點，任何波動均有跡有循。因此，投資者可以根據這些規律性的波動預測價格未來的走勢：

　　波浪理論指出，在一個完整的循環中，不論是多頭市場，還是空頭市場，都會有八個波段（見圖）。

圖6-1　艾略特波段理論（多頭市場）

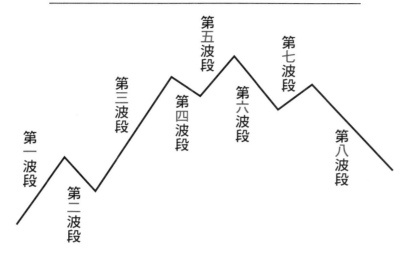

圖6-2　艾略特波段理論（空頭市場）

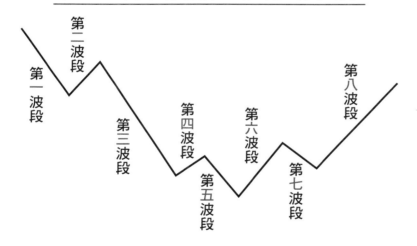

　　在多頭市場裡，前五個波段是上升行情，後三個波段是下跌行情。在上升行情中，第一、三、五波段，是上漲的；第二、四波段則屬於回檔整理的。在下跌行情的三個波段中，第六、第八是下跌的，只有第七波段是反彈整理。

　　另一方面，在空頭市場的完整循環中，全部八波段裡，第一、第三、第五波段為下跌波，第二、四、六、八為上升波。經過一下、一上的八個波段之後，也就完成了艾略特波段理論的精神。

除此之外，波浪理論還推測股市的漲幅和跌幅，可以運用黃金分割率和神祕數字去計算。一個上升波可以是上一次高點的1.618，另一個高點又再乘以1.618，依此類推。

　　下跌波也是這樣，一般常見的回檔幅度比率有0.236（0.382×0.618）、0.382、0.5、0.618等等。

　　大抵來說，艾略特的波段理論受到如下的評價：

❶波浪理論專家對現象的看法並不統一。每一個波浪理論家，包括艾略特本人，常受到一個問題的困擾，就是一個波段是否已經完成而開始另外一個波浪呢？有時甲看是第一波，乙看是第二波。失之毫釐，差之千里。看錯的結果很可能十分嚴重。一套不能確定的理論用在風險極高的股票市場，一旦操作錯誤，將損失慘重。

❷如何才算是一個完整的波？並無明確定義。在股票市場的漲跌次數，絕大多數並不是按五漲三跌這樣機械模式出現的。而波浪理論專家卻曲解說有些漲跌不應該計算在波浪裡面。這多半有主觀的「附會」成分，並不可靠。

❸波段理論有所謂伸展浪（ExtensionWaves）的說法，有時五個波可以伸展成九個波。但在什麼時候或者在什麼標準下，波浪可以伸展呢？艾略特卻沒有說清楚，只能讓各人去臆想。

❹波段理論的波中有波，可以無限伸延，也就是說，漲時可以一直漲下去，都算是上升波；下跌波也可以跌到無影無蹤，仍然在下跌波的範圍。這簡直太不可思議了。

❺**艾略特的波段理論是一套主觀分析工具，毫無客觀標準。市場運行卻往往是受情緒影響，而並非是機械運行。所以硬把它套用在變化萬千的股市會十分危險，出錯的機會非常大。何況，波浪理論也不能運用於個股的選擇上。**

Key Word *07*
股市成長週期理論

　　股市週期循環理論指出，股價漲跌除了政治、財經、業績等實質因素之外，「人為」往往是促成股價漲跌的主要原因。

　　一些精明的操盤人，在長期統計和歸納之後，發現了有規則的週期性，他們把這些週期循環的原則應用到股票的買賣操作上來，經常是無往而不利。

　　循環性週期，可分為下述幾個階段：

❶低迷期：行情持續創新低價，一般市場人士大多持悲觀看法，不論主力或散戶都虧損纍纍；沒有耐性的投資人在失望之餘，紛紛認賠拋出手中的股票，退出市場觀望。這時，真正具有實力的大戶默默進貨，少數較具長期投資眼光的精明投資者則按計劃買進。該期盤旋整理的時間越久，表示籌碼換手的整理越徹底。這時的成交量往往也最低。

❷青年漲升期：景氣尚未好轉，但因前段低迷期的盤跌已久，股價大多已經跌到完全不合理的低價，市場浮額也已大減，在這時買進的人因成本極低、再跌有限，

大多不輕易賣出；而高價套牢未賣的人，因虧損已多，也不再追價求售，市場賣壓大為減輕。這時的成交量大多呈現不規則的遞增狀態，平均成交量比低迷時期多出一半以上，少數龍頭股的價格大幅上漲，多數股價呈現著盤堅局面，冷門股票也已略有成交並蠢蠢欲動。這就是一般所說的「初升段」。

❸叛逆期：就是一般所說的多頭市場回檔期。股價在初升段末期，由於不少股票已持續上漲，經過長期空頭市場虧損，多數持觀望心態，想要獲利了結、落袋為安；而來不及上車的有心人和抱股甚多的主力大戶，為求擺脫浮額，大多趁機當沖獲取差價，以降低成本。這時，市場大戶出貨的傳言很多，空頭格外活躍。

❹壯年漲升期：就是所謂的「主升段」。景氣開始繁榮，上市公司盈餘大增。大戶手上的股票很多，市場的浮額已大量減少，有心人利用各種利多消息將股價持續拉高，甚至重複的利多消息一再公佈，炒冷飯也在所不惜。由於股價節節上漲，不管內行外行，只要買進股票便能獲利，做空頭的信心已經動搖，並逐漸由空翻多，形成搶購的風潮，上漲的股票逐漸延燒到冷門股，「輪漲」的風氣很盛。大戶和精明的投資人趁機獲利了結，只有小散戶被樂觀氣氛沖昏了頭而越買越多。

❺老年漲升期：就是一般所說的末升段。這時，人氣一片沸騰，新股大量發行，而上漲的股票多為以前少有成交的冷門股，原為熱門的股票反而開始有著步履沉重的感覺。該期的成交量常破記錄地暴增，並常見暴漲暴跌的現象，投資大眾手中大多擁有股票，以期待股價進一步上漲，偏偏股價開始顯得步履蹣跚，而反映在成交量上面的，常是價漲量縮、價跌量增。

❻下跌幼年期：這是K線理論的初跌期，由於多數股價都已偏高，欲漲乏力的結果，使得投資人開始反省。這時大主力都已大量減碼，精明的投資人也發現股票操作不易了。套牢的散戶們心裡雖然發慌，但仍期望行情只是回檔而能再漲一段，好讓他們解套、出清持股。

❼中間反彈期：這就是新的多頭進場或技術分析術語所說的「逃命線」。因成交量暴減、浮額賠本拋售，使得多數股價的跌幅很深。部分高價賣出者想要回補，部

分高檔套牢想要攤平，於是相繼進場。因而股價一時止跌盤堅，但由於反彈後搶高價者已經存有戒心，加上短線客的逢高調節，使得股價欲漲乏力，於彈升之後又再度重挫。精明的投資人紛紛出清股票「逃命」，部分空頭也趁機介入放空。

❽下跌的壯年期：一般稱為主跌段行情，此時大部分股價的跌幅漸深，利空的消息滿天飛，股價下跌的速度很快，甚至有連續幾個停板都賣不掉的。以前套牢隱忍不賣的人信心也已動搖，成交量逐漸縮小，不少多頭於失望之餘紛紛賣光股票退出市場，而做多的散戶也已逐漸試著做點小空。

❾下跌的老年期：即稱末跌段。股價跌幅已深，高價套牢的人已經賣光，未賣的也因賠得太多，而寧願抱股等待。成交量極縮，股價跌幅也變小了。股市投資大眾手上大多已無股票，真有眼光的投資人及大戶們，往往利用這一時期大量買進。

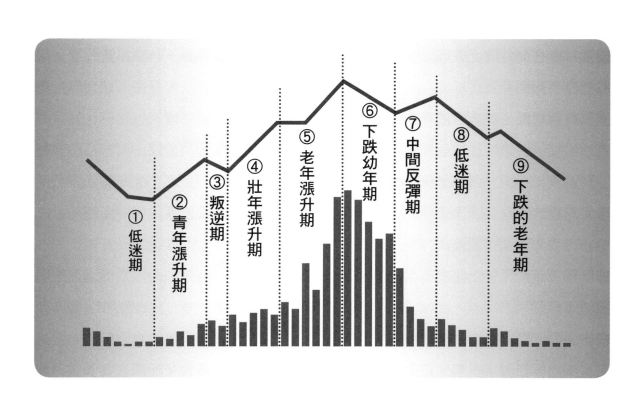

Key Word *08*
信心股價理論

　　信心股價理論，強調「市場心理」。這個理論認為，股價變動的原因，在於投資者對於未來股價之表現。信心理論可以解釋股價的當漲不漲、該跌不跌，以及超漲或超跌的現象。

　　簡單地說，信心股價理論就是從市場心態的觀點去分析股價。

　　傳統的股價理論有個缺點，就是太過於機械化地重視公司盈餘，而無法解釋在多變的股市中股價漲跌的全貌。尤其當一些突發因素使得股價該漲不漲，反而下跌；或應跌不跌，反而上漲……這種種現象，更使傳統的股價理論變得矛盾。因此信心股價理論就特別強調，股票市場是由心理或信心因素而影響股價的。

　　根據信心理論，促成市場股價變動的因素，是市場對於未來的股票價格、公司盈利等條件所產生信心的強弱。投資人如果對股市信心堅強，必然會用進場買股票來表態，股價就會跟著上漲；相反的，如果投資人對股票市場的未來行情表示悲觀，信心就低落，不斷地把手上的股票賣掉，因此股價就會跟著下跌。

信心股價理論認為，股價狂升、暴跌乃是由於投資人信心，產生各種不同情況，所以會與上市公司營運狀況，以及獲利能力等基本因素完全脫節，理由就在這裡。

信心股價理論，**以市場心理為基礎，來解釋市場股價的變動，並完全依靠公司財務的上的資料，所以這種理論可以彌補傳統股價理論的缺點，對股市的反常現象，提出合理的解釋。**

例如，經濟狀況良好、股價卻疲弱，或者經濟情況欠佳而股價反而上升的原因，如果這個理論是對的話，投資最好的策略是研究市場心態——是悲觀還是樂觀？然後順應大盤的變化去做，必可獲利。

但是，信心股價理論也並不是沒有缺點。

其嚴重的弱點，就是股票市場的群眾信心很難衡量，這一點常使分析股票市場動態的人感到非常困惑，因此仍有不少投資人寧可相信傳統的股價理論，可是在很多情況下，傳統股價學說，又被證明是失敗的。

如果我們比較上述的兩種股價理論，傳統股價理論過於重視公司的運作情況和經營獲利能力，而忽視了其他影響股價的眾多外在因素，自然有所缺失；至於「信心股價理論」，則又過於重視影響股價的各種短期外來因素，而忽略公司本質的優劣，這也不盡完美。

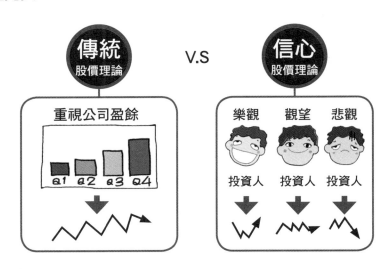

Key Word *09*
股票價值理論

　　最早提出股票「價格」與「價值」分離理論的，是美國經濟學家帕拉特（S.S.Pratt）。他在1903年出版的《華爾街的動態》一書中，提出「股票價值」的經濟本質在於股息、經營者素質以及企業收益能力。其中以前者最為重要，其他的重要因素都只不過是影響股息的間接因素。

　　帕拉特認為，**表面上，「股票價格」與真實價值是一致的，其實差異很大。**不只如此，其他財產也有這種情形，只是股票比較特殊而已。**以「價格」來說，固然是由供需因素決定，卻不見得會與真實價值完全一致，甚至仍有許多其他的影響因素，諸如：利多利空消息、證券市場結構、股市人氣、投資氣氛等。**帕拉特雖然強調證券市場分析的重要，但其理論說服力仍嫌不足，解釋不清楚的地方還有很多。

　　後來，哈布納(S.S.Hebner)在《證券市場》一書中，用股票「價值」和「價格」的關係作為投資的指針，將帕拉特書中的理論加以補充。他甚至利用財務分析來評估股票價值，並強調股票價格和市場因素與金融的關係，主張「股票價格傾向與

其本質的價值一致」。他認為，「就長期來看，股票價格的變化，主要是依據財產價值的變化。」此外，哈布納還把「證券分析」與「證券市場分析」同時結合在一起。

賀斯物在《股票交易》一書中，則站在證券市場分析的立場，除了區別股票的價值與價格之外，再進一步確認股票的根本價值在於股息，強調股票價格與一般商品價格的不同，是因為股票價值與市場操作本來就不一樣。

此外，莫迪(J‧Moody)在《華爾街投資的藝術》一書中，則認為普通股的權利重點不只是領取股利而已，還要看上市公司對於公司債息、董事、監事酬勞、利息支出之後的可分配股息有多少，來衡量一切。因為大部分上市股票有限公司的收益情況變動幅度大，有時候扣除其他費用之後，企業收益變成虧損的情形也很常見。因此，對於普通股的議決權（參加經營權）與公司資產價值的的評價，還需要加上「投機性」的因素。

莫迪更強調上市公司產業別「質」的考慮，當時的兩大產業──鐵路與工業股票之中，前者富有安定性、發展性，後者具有較大的投機性。即使兩者收益一致，價格也會有所差別。因此，莫迪的著作中更進一步強調了資本還原率和風險因素對股票市場價格的影響。

但是，由於現代證券流通市場的發達，中小股東越來越多，大部分股東都沒有打算參與企業經營，而且以「分配剩餘財產」為目的才購買股票的已絕無僅有。也就是說，購買股票的目的多半在於領取股息，而分配股息的多少又取決於上市公司的收益，所以**作者認為，「當投資人購買股票的時候，實際上是準備買進該公司現在和未來的收益」。這就是股票價值理論的真諦。**

Key Word *10*
亞當理論

　　亞當理論是由著名的王爾德（J.Wells Wider Jr.）所創立。亞當理論的精義，就是「順勢而為」。因為「順勢者昌，逆勢者亡」。也就是說，當市場確定為多頭時，要順勢做多不做空；相反的，當市場確定為空頭時，順勢做空不做多，這就是順勢而為。

　　為什麼不要逆勢而為呢？因為王爾德認為操作股票應以趨勢為主，沒有任何分析工具可以絕對準確地推測大盤的走向。每一套分析工具都有其缺陷。

　　王爾德另外也發明股市的分析工具RSI。但他認為亞當理論遠比RSI重要，因為他認為大盤根本無法推測。如果大盤可以預測的話，憑籍RSI、OBV、ADL等輔助指標，理論上就可以完成任務，可惜不少人運用這些指標工具，仍然得不到預期後果，甚至賠得很慘，原因就是依賴一些並不完美的工具，很難推測去向不定、無從捉摸的大盤走勢。那都是徒勞無功的。所以，亞當理論的精神就是要教投資人放棄所有主觀的分析工具。同時，他主張要在市場生存，就得順應大盤走勢。

亞當理論的精義，主要有以下八點：

❶ 股價漸強時搶進，漸弱時殺出。不要小看了趨勢的力量，股價漸強或漸弱，背後都有一隻魔手在操縱著。

❷ 股價突破壓力時買進，跌破支撐時賣出。壓力點與支撐點有其科學統計的數據學理，突出或跌破自然也有它應對的理由。

❸ 看錯方向的股票絕不要加碼或攤平。別讓合理的小損失，演變成一發不可收拾的大損失。

❹ 一開始投資買賣，就必須同時設立停損點，以便在你一發現有誤時，能冷靜地走出危險的境地。

❺ 除非你改變戰略，否則不要隨便移動或取消原先設定的停損點。換句話說，不要隨著股價的波動而忘了初衷。

❻ 一次合理的小損失，應訂在操作資金的百分之十以內。千萬別讓自己的虧損超過這樣的幅度。

❼ 不要期望在底部進場、在頭部出場。在股價波動中，我們只取其中最精彩的一小段，伺機進出即可。

❽ 操作不順時，就應退場休息。股市天天都有，機會多的是。

亞當理論有一個最精彩的說詞，就是：

「市場就要動了的最好證據是，它已經開始動了。

市場正往上漲的最好證據是，它已經開始上漲了。

市場正往下跌的最好證據是，它已經開始下跌了。」

由此可知，市場的脈動，從盤面的變化即可偵知。一定要能看懂大盤，否則絕不買賣。投資人在股市行情走多時，即以多單操作應對，行情走空絕不以多單逆勢對抗。避免過度自信與樂觀，投資人本身的期望不要太高，一切以盤勢為依歸，順勢而為，才不會在變局時慌了手腳。

Key Word *11*
隨機漫步理論

　　隨機漫步理論（Random WalK Hypothesis），是美國財經界在1950年代共同發展出來的一套股價理論。意思是說，**股價變化很大，就好像隨機漫步一樣，根本無法預測下一步準備去哪裡。**

　　這個理論簡直推翻了所有的股市技術分析。他們認為，一切圖表走勢派的存在價值，都是基於一個假設，就是股票、外匯、黃金、債券……等，所有投資都會受到經濟、政治、社會因素影響，而這些因素會像歷史一樣不斷重演。譬如經濟如果由大蕭條復甦過來，房地產價格、股市、黃金等都會一路上漲。漲完之後就會跌，但跌完又會再漲得更高。即使以短線來說，支配一切投資價值規律都離不開上述的因素，只要投資人能夠預測哪一些因素支配著價格，就可以預知未來走勢。在股票來說，圖表趨勢、成交量、價位等反映了投資人的心理趨向。而隨機漫步理論完全否定了這種假設。

　　隨機漫步理論指出，新的經濟、政治新聞消息都是隨意而來，並不一定何時會

流入市場。**這些消息使基本分析人士重新估計股票的價值，而作出買賣方針，致使股票發生新變化。**同時，因為這些消息事先無法知道，而且是突然而來，無人能夠預估，**所以股票走勢推測這回事並不可靠，圖表派所說的只是一派胡言。**

　　既然所有股價在市場上的價錢已經反映其基本價值。這個價值是公平的由買賣雙方決定，這個價值就不會再出現變動，除非突發消息如戰爭、收購、合併、加息減息、石油戰等利多或利空等消息出現才會再次波動。但下一次的消息是利好或利淡大家都不知道，所以股票現時是沒有記憶系統的。昨日升並不代表今日升。今日跌，明日可以升亦可以跌。每日與另一日之間的升跌並無相關。就好像擲銅板一樣，今次擲出是正面，並不代表下一次擲出的又是正面，下一次所擲出的是正面，或反面各佔機會率50%。亦沒有人會知道下一次會一定是下面或反面。

　　既然股價是沒有記憶系統的，企圖用股價波動找出一個原理去戰勝市場，肯定失敗。因為股票價格完全沒有方向，而是隨機漫步、亂漲亂跌的。既然無法預知股市去向，那就無人肯定一定是贏家，也沒有人一定會輸。至於**股票專家的作用其實不大，甚至可以說全無意義。因為如果他們真的那麼準的話，早就發財了，**何必公佈研究結果讓別人賺錢？

　　從以上的說法，可知隨機漫步理論對圖表派無疑是全盤否定的。但是，如果隨機漫步理論成立，那麼所有股票的分析高手豈不是毫無立足之地？

　　所以不少學者曾經進行研究，企圖分析這個理論的可信程度。

　　在無數研究之中，有三個研究特別有利於隨機漫步的論調：

❶曾經有一個研究，用美國標準普爾指標（Standard & Poor）的股票作長期研究，發覺股票狂漲或者暴跌四、五倍，或是跌99%的比例只是很少數，大部分的股票漲跌都在一至三成之間。在統計學上有常態分配的現象，也就是說，買股票要看運氣，買進股票之後，漲跌的機會是大家均等的。

❷有一次試驗，某個美國參議員用飛鏢的方式去射一份財經報紙，然後決定出20檔股票作為投資組合，結果這個「隨機」而來的投資組合，竟然和股市整體表現

差不多，甚至比專家建議的投資組合還更好。

❸買賣雙方同樣聰明機智，都能夠接觸同樣的情報，因此在雙方都認為價格公平合理時，交易才會完成，所以股價其實距離真實價值不遠。

然而，依我的研究，根據台股的經驗，這三個論調都是有問題的－－

第一，股價暴漲暴跌好幾倍的股票，是常有的事。美國經驗不適合台股。

第二，射飛鏢結果比專家建議的投資組合好，應該是是偶然的運氣。

第三，目前的技術分析，經過半世紀的改善與研究，對研判股價的未來走勢已有一定的準確度，隨機漫步理論已落後了五十年。

Key Word *12*
長期友好理論

　　長期友好理論是由英國著名的經濟學家凱恩斯（John Maynard Keynes，1883年～1946年）所提出的。意思是說，**從十年以上的長期投資觀點來說，投資人應該與股票為友，也就是宜多不宜空。**為什麼呢？因為根據美國有關單位長期的統計，股市有55%的日子是收紅的，只有45%的日子是收黑的。可見得，上漲的機率大於下跌的機率。台灣股市受美國影響很深，所以情況自然與美國相近。

　　從十年以上的長期投資來說，英、美、日的股市年平均報酬率在12%左右，而台灣股市則達18%左右。台灣近三十年來的經濟成長率高於英、美、日等先進國家，所以股票的年平均報酬率才會高於上述這些國家。

　　經濟學家凱恩斯認為，在管理學的發達、生產效率的提高等等客觀因素下，全世界的經濟只會越來越繁榮，而不會越來越糟。**所以，未來的趨勢，通貨會繼續膨脹，貨幣會逐漸貶值，而股價則會不斷上漲。**

　　不僅如此，1946年凱恩斯過世時，留下了45萬英磅的遺產，據說都是投資股

票、長期做多賺來的。他的「現身說法」，也等於為自己的「長期友好理論」提出了正面的證據。

當然，凱恩斯的這個理論並非沒有人提出質疑。反對者就以經濟景氣循環的現象加以反駁，他們說，繁榮→危機→蕭條→復甦→繁榮……，是景氣循環的必然走勢，股價豈能看漲不看跌？

不過，根據美國二十世紀投資機構的分析指出，從過去三次景氣衰退期的經驗來觀察，景氣衰退一般都只有11個月而已，我們如果用十年以上的時間來投資股票，可以發現：股價上漲的走勢並不受景氣循環的影響。如果有，也只是短期的影響；以長期來看，影響不大。所以，投資股票，必須跟股票友好做多，而不可跟股票敵對做空。這就是「長期友好理論」的真諦。

圖12-1 從台股的長期走勢回頭看，你想信「長期友好理論」嗎？

（圖片來源：XQ全球贏家）

K ey Word *13*
相反理論

　　相反理論的基本要點是投資買賣決定全部基於群眾的行為。它指出不論股市及期貨市場，當所有人都看好時，就是牛市開始到頂。當人人看淡時，熊市已經見底。只要你和群眾意見相反的話，致富機會永遠存在。

　　來看相反理論的精神：

❶相反理論並非只是大部分人看好，我們就要看淡，或大眾看淡時我們便要看好。相反理論會考慮這些看好看淡比例的趨勢，這是一個動概念。

❷相反理論並不是說大眾一定錯。群眾通常都在主要趨勢上看得對。大部分人看好，行情會因這些看好情緒變成實質購買力而上升。這個現象有可能維持很久。直至到所有人看好情緒趨於一致時，市場將發生質的變化——供需的失衡——培利爾(Humphrey‧Neil)說過：當每一個人都有相同想法時，每一個人都錯。

❸相反理論從實際市場研究中，發現賺大錢的人只占5%，95%都是輸家。要做贏家只可以和群眾思想路線相背，切不可以同流。

❹相反理論的論據就是在市場行情將轉勢，由牛市轉入熊市前一刻，每一個人都看好，都會覺得價位會再上升，無止境的升。大家都有這個共識時候，大家會盡量買進了，升勢消耗了買家的購買力，直到想買進的人都已經買進了，而後來資金，卻無以為繼。牛市就會在所有人看好聲中完結。相反，在熊市轉入牛市時，就是市場一片淡風，所有看淡的人士都想賣貨，直到他們全部都賣了貨，已經再無看淡的人採取行動，市場就會在所有人都賣清貨時見到了谷底。

❺在牛市最瘋狂，但行將死亡之前，大眾媒介如報章、電視、雜誌等都反映了普通大眾的意見，盡量宣傳市場的看好情緒。人人熱情高漲時，就是市場暴跌的先兆。相反，大眾媒介懶得去報導市場消息，市場已經沒有人去理會，報章新聞全部都是市場壞消息時，就是市場黎明的前一刻，最沉寂最黑暗時候，曙光就在前面。大眾媒介永遠都採取群眾路線，所以和相反理論原則剛剛違背。這反而做成相反理論借鑒的資料。**大眾媒介全面看好，就要看淡，大眾媒介看淡反而是入市時機。**

我們憑什麼而知道大家的看法是看好還是看淡呢？

憑直覺並不足夠。運用相反理論時，真正的數據通常有兩個：一是好友指標（BullishConsensus）；另一個叫做市場情緒指標（MarKetSentimentIndex），兩個指標都是專業投資機構的期貨或股票部門收集的資料。資料來源為各大紀經商、基金、專業投資通訊，甚至報章、雜誌的評論，計算出看好和看淡情緒的比例。

以好友指標為例，指標由零開始，即所有人都絕對看淡。直到100%為止，即人人看好，包括基金、大經紀商、投資機構，報章雜誌的報導。如果好友指標在50%左右，則表示看好看淡情緒參半。

指標通常會在30%至80%之間升沉。如果一面倒的看好看淡，顯示牛市或熊市已經去到盡頭，行將轉角。

因為好友指標由0-100%，都有不同啟示，詳細的分析將會給投資者一個更清晰的概念，運用理論時也較有把握。

好友指標比例指示

0-5% 一個主要的上升趨勢已經就在目前,為期不遠。人人看淡時,看淡的投資人要賣貨的已經你也賣我也賣,以致賣無可賣。大市淡無可淡,這就是轉勢的時機。把握時機買進,搏取無窮利潤,就是在這個時候!

5-20% 這是一個不明的區域,大部分人看淡,只有少部分人看好。這些看淡的人足以壓倒性姿勢將大市推低。但因為看淡的人比例大,市勢亦可以隨時見底。很多時轉勢情形都會在這個區域產生。投資人士可以輔之以圖表、成交量等去探測大市是否已經見底

20-40% 看淡的人在比例上仍然蓋過樂觀情緒。從統計數字看出,繼續看淡贏面機會較大。如果在這一個區域,大市不再向下,市勢就會變得十分不明朗,要空手為上。如果在這個區域,大市轉勢上升,通常升幅會十分凌厲,而且創出新高點。因為大眾看淡時,卻看錯了,市勢一升就一發不可收拾。創新高點機會大於一切。

40-55% 市勢可以向上向下,絕對不明朗。在這個區域,投資人士一定空手,切勿輕率入市作買賣,因為贏面和輸面比例差不多。在保本為第一原則之下,不作買賣反而最安全。

55-75% 看好的人佔多數,但又並非絕大多數。市勢發展有很大上升餘地。但如果這個比例看好的人多,市場卻不升反跌,一定會是急促而且令人害怕的。通常大家看好時下跌,多數會出現近期的低點。

75-95% 很多時候,市場都會在這個區域轉勢向下,但仍然有機會在看好情緒一路高漲之下,一路攀升一段時間直到去到百分之百的人都看好止。所以要利用圖表分析作為輔助工具比較安全。

95-100% 大市已經出現全人類看好的局面。投資的本錢已經全部投入大市。是彈盡糧絕,強弩之末之兆,大市轉勢迫在眉睫。速速賣貨為上,要離開市場。此時看淡的投資人賣空,勝算最大。

相反理論帶給投資者的訊息十分有啟發性。

首先，這個理論並非局限於股票或期貨，其實亦也可以運用於地產、黃金、外匯等。它指示投資者一個時間指針，何時離市？那個時候是機會？那個候行情不明朗應該空手？

相反理論提醒投資者應該要：

❶深思熟慮，不要被他人所影響，要自己去判斷。

❷要向傳統智慧挑戰，群眾所想所做未必是對的。即使投資專家所說的，也要用懷疑態度去看待處理。

❸事物發展，並不一定如表面一樣，你想像行情好就一定行情好。我們要高瞻遠矚，看得遠，看得深，才會是勝利。

❹一定要控制個人情緒。恐懼貪婪都是成事不足，敗事有餘。周圍環境的人，他們的情緒會影響到你，你反而因此要加倍冷靜。其他人恐懼市場已經沒得玩時，有可能這才是時機來臨。在一窩蜂的爭著在市場買進期貨、股票時，你要考慮趨勢是否很快就會見頂而轉入熊市。

❺當事實擺在眼前和希望並非相符時，勇於承認錯誤。因為投資者都是普通人。普通人總不免會發生錯誤。只要肯認輸，接受失敗的現實，不作自欺欺人，將自己從普通大眾中提升為有獨到眼光見解的人，才可改變自己為成功人物。

在任何市場，相反理論都可以大派用場，因為每一個市場的人心、性格、思想、行為都是一樣。大部分人都是追隨者，見好就追入，見淡就看淡。只有少部分人才是領袖人物。領袖人物之所以成為領導人，皆因他們見解、眼光、判斷能力和智慧超越常人。亦只有這些異於常人的眼光和決策才可以在群眾角力的投資市場脫穎而出，在金錢游戲中成為勝利者。

Key Word *14*
醉步理論

醉步理論是由美國的古特教授（Paul Coote）於1962年所提出的。

古特教授認為，股價的變動是無法預測的，正如一個醉漢的腳步前後左右搖擺不定，有時向右，有時向左；有時向東，有時向西；有時前進，有時後退，毫無規律可尋。股價的變化，既不會依照昨日的變動況依樣畫葫蘆，也無法預測明日的走勢。所以稱為「醉步理論」。古特教授把股市的投資人分成兩大類：

❶ 專業投資人。

如果這個市場都是由專業投資人買賣的話，他們根據基本分析確實掌握了股票的真實價值時，人人理智地買賣股票，就會把股價拉到了真實價值。那麼股市就沒什麼波動了。

❷ 非專業投資人。

非專業投資人在股市操作上，屬於無知的一群。他們既不能從基本分析中去瞭解股票的真實價值，也無法從價格的變化研判出股價的未來走勢。於是，他們盲目

地買賣股票，也因而使得股價上下波動。

　　專業投資人與非專業投資人這兩股勢力的消長與激盪，造成了股價呈現醉步移動的現象。**可以這麼說，醉步理論完全否定了技術分析的功能，認為股價是無法預測的。**這種理論在今日看來，未免有些武斷，因為技術分析仍有極大的參考價值，否則不會到今天仍然沒被淘汰。

行情就像醉漢走路，腳步沒邏輯！

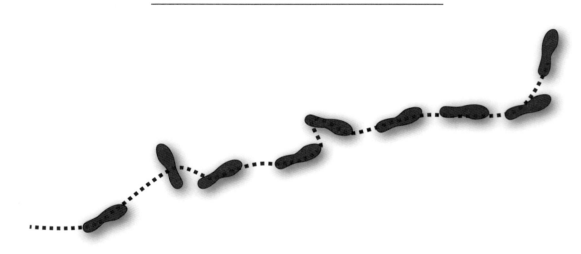

Key Word *15*
反射理論

反射理論（theory of reflexivity）是以短線投機轟動全球金融市場的喬治・索羅斯（George Soros）的主張。

1979年喬治・索羅斯在紐約建立了他的第一個基金會，又於1987年建立了蘇聯索羅斯基金會。索羅斯是LCC索羅斯基金董事會的主席，民間投資管理處確認它作為量子基金集團的顧問。量子基金在量子集團內是最老和最大的基金，普遍認為在其28年歷史中在全世界的任何投資基金中具有最好的業績。

反射理論是指投資者與市場之間的一個互動影響。**索羅斯認為，金融市場與投資者的關係是：投資者根據掌握的資訊和對市場的瞭解，來預期市場走勢並據此行動，而其行動事實上也反過來影響、改變了市場原來可能出現的走勢。這兩者不斷地相互影響。簡單地說，某甲的行為刺激了某乙，同時改變了某乙。某乙早晚也會回過頭來刺激了某甲，並改變某甲。**

舉例來說，索羅斯用大筆資金買進某一檔股票，這時該公司本可以賣光持股、

離開股市，讓索羅斯套牢。但是，索羅斯的反射理論就堅決認為公司派根本不可能賣光股票。相反的，該公司還會運用寬鬆的資金進行擴廠或購併，提高公司的獲利率，回過頭來使股價更創新高。

喬治‧索羅斯號稱「金融天才」，從1969年建立「量子基金」至今，創下了令人難以置信的業績，以平均每年35％的綜合成長率令華爾街同行望塵莫及。

索羅斯的金融市場反射理論指出：

❶ 堅守市場價格永遠是錯的，自然而穩定的市場從沒出現過，真正的市場應該具有合理的波動性。投資人的行為，會刺激到市場以及公司派。例如投機客大舉介入某一檔股票，原本公司派可以賣光持股落跑、享清福，可是基於反射理論，公司派卻正好利用這龐大資金擴廠或購併新公司，以完成他們更高的理想。這種反射，提高了公司的獲利率，也刺激了股價，產生波動性。

❷ **索羅斯只相信趨勢，只願意和趨勢做朋友。當他看出趨勢向上時，就不怕股價高不高的問題，只管大筆砸下銀子、大筆買進股票；而在趨勢改變之前，也會閃電賣出股票，義無反顧地獲利了結、落袋為安。他只關注短期內會大漲的股票，而不喜歡一年只有幾次出現的景氣循環股，因為等待的時間太長、資金也積壓太久。**

❸ 所謂「反射」，就是指經濟活動參與者的動機。投資人的動機是儘快從股票買賣中賺取差價，目的在於求財，而不是基於供需。他們認為美元會漲，就進場買美元，結果就使美元利息降低、刺激了經濟，因而反射到「美元應該升值」更高的預期。用這個理論來解釋股市的走勢就是：大家看好某檔股票，就會抱牢；看衰股票，就趕緊賣出。可見對股價的預期，才是決定投資人買賣行為的主因。

Key Word *16*
尾盤理論

　　尾盤理論，意指投資人在尾盤時才利用利多或利空消息，準確地預測出隔天開盤股價的漲跌。在方天龍所著的《當沖大王》裡，也提到運用下半場的行情求得隔日的良好戰績，這正是由於掌握了「尾盤理論」的真諦。

　　尾盤理論建立在以往的股市短線交易經驗，因為尾盤是每天交易中最重要的兩個時刻（開盤和收盤）之一。而尾盤的重要更甚於開盤，因為每天收盤之前的半個小時左右，往往是一天中股價波動最激烈的時刻，主力會在這時興風作浪、拉抬作價或摜盤壓價，所以某一檔原本上漲的股票，會突然在尾盤由紅翻黑；也有某一檔原本在平盤附近橫盤的股票，會突然急拉上攻，甚至直上漲停板！

　　基本上，尾盤是各種好壞消息湧進股市最多的時候，短線的投資人可以利用這時的利多或利空消息推測最短期的走勢，並且做多或放空，以賺取差價。

　　尾盤的消息非常重要，它常是大盤轉折的關鍵點。一有利多消息，在短期內整個市場充滿了樂觀的喜氣，大盤的走勢也會改變命運，由黑翻紅或由橫盤變積極向

上，隔一天開盤繼續上漲的機率相當高。很多股票因為利多消息的關係，一直被拉抬到漲停板，然後變成一股難求。隔天再想要買，已經來不及了。

相反的，一有利空的壞消息，大盤的線型也會突然改變，「理當」W型向上的走勢，也可能變成M字頭走勢，這是沒什麼道理好講的。同時，隔天也可能在開盤後繼續下跌，這種機率是相當高的。如果前一天的尾盤不及時處理股票，隔天就會加大了下殺的力度、增強了回檔的空間。

因為很多人當時並不知道是怎麼回事，直到晚上看了電視新聞或隔天的早報，才知道是什麼壞消息。那時，也許股票在前一天的尾盤就已經跌停鎖死了、隔一天也不會好到那裡去。

不過，面對尾盤理論，我們在搶短線賺差價的時候，一定要見好就收，不可改變心意，把本來要作短的念頭改成作長的打算。如果太不知足，很可能會有意外的惡果。此外，當天尾盤傳來的利多或利空消息，一定要向權威的媒體或官方的新聞機構求證，切實掌握消息的可靠性。

圖16-1

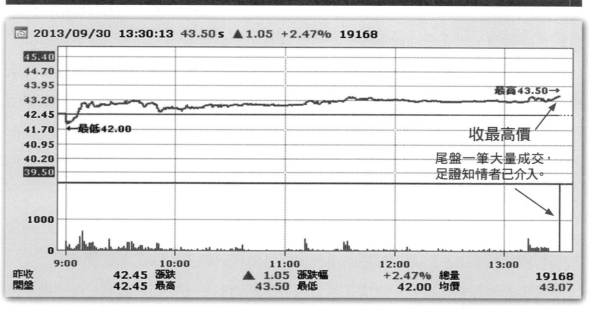

（圖片來源：XQ全球贏家）

舉例來說，仁寶(2324)於2013年9月30日盤後宣布，基於筆電、平板以及智慧手機等裝置界線漸趨模糊，董事會通過將公開收購華寶(8078)流通在外所有普通股股權，每股收購價50.8元，收購期間從今年10月1日至11月19日止，最低收購數量為30386725股，最高收購數量為317378596股，預計本收購案整體金額最高可達161.3億元，全案預計2014年4月完成。

　　請看圖16-2，「華寶」在這一大利多在公布之後的次日（2013年10月1日），股價立刻跳空漲停，買不到了！然而，請見圖16-1，其實在2013年9月30日當天的尾盤，已可以見到尾盤一筆大量成交，足證知情者已介入。股價收最高價43.5元。

　　根據尾盤理論，在前一天（2013年9月30日）尾盤買進「華寶」（8078）的人，次日要賣漲停板，是太容易了！

圖16-2

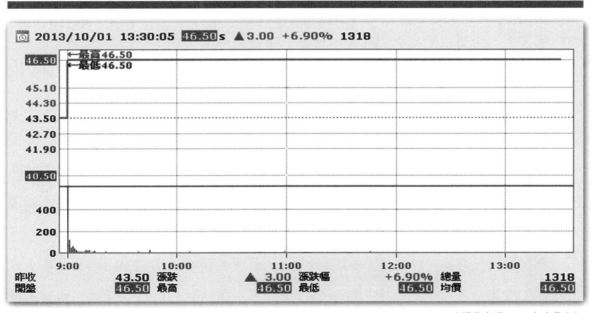

（圖片來源：XQ全球贏家）

Key Word *17*
雞尾酒會理論

　　曾被譽為「全球最佳基金經理」的投資大師彼得・林區（Peter Lynch），他在1977至1990經手的基金市值曾經在13年內翻了29倍。他也因而被美國基金評等公司評為「史上最傳奇的基金經理人」也是「全球最佳選股者」。

　　據說彼得・林區從參加雞尾酒會的經歷上，悟出了「雞尾酒會理論」。他把雞尾酒會中賓客對股票的反應，準確地研判出多頭行情中四個不同階段的演變：

　　第一階段，彼得・林區在介紹自己是基金經理時，人們只與他碰杯致意，就漠不關心地走開了。而更多的是圍繞在牙醫周圍，詢問自己的牙病，或者寧願談論明星的緋聞，沒有一個人會談論股票。彼得林區認為，當人們寧願談論牙病也不談論股票時，股市應該已經探底，不會再有大的下跌空間。

　　第二階段，彼得・林區在介紹自己是基金經理人時，人們會簡短地與他聊上幾句股票，抱怨一下股市的低迷，接著還是走開了，繼續關心自己的牙病和明星的緋聞。彼得・林區認為，當人們只願意閒聊兩句股票而還是更關心自己的牙齒時，股

市即開始醞釀反彈。

第三階段，人們在得知彼得・林區是基金經理人時，紛紛圍過來詢問該買哪一支股票，哪支股票能賺錢，股市走勢將會如何，而再沒有人關心明星緋聞或者牙齒，股市應該已經到達階段性高點。

第四階段，人們在酒會上大談特談股票，並且很多人都反而主動向彼得・林區介紹股票，告訴他去買哪支股票，哪支股票會漲。**彼得・林區認為，當人們不再詢問該買哪支股票，而是反而主動告訴基金經理人買哪支股票好時，股市很可能已經到達高點，大盤即將開始下跌震盪。**

Key Word *18*
擦鞋童理論

　　擦鞋童理論（shoeshine boy theory），又稱零股理論（Odd Lot Theory）是1927年由甘迺迪政治家族的約瑟夫‧派屈克‧甘迺迪（Joseph P. Kennedy, Sr.）所提出的股市理論，意指當擦鞋童都在討論股票投資的時候，就是股市交易達到最高峰之時，之後就會下跌。

　　行情總在絕望中誕生，在半信半疑中成長，在憧憬中成熟，在充滿希望中毀滅！當街上的擦鞋童開口閉口都在談股票之時，即表示股價已快走完多頭行情，隨即就是崩盤暴跌了。

　　此一理論有其事實根據，美國華人街股市在1929年時走了近八年的多頭行情，當時只要敢冒險下場買股票，大都賺錢。於是，股票變成當時美國社會最熱鬧的話題，可以說家家買股票，人人談股票，就連紐約市街頭認字不多的擦鞋童也滿口股票經。

　　可是好景不常，到了那一年的10月24日，多頭行情終於走完，演出恐怖的黑

色星期四，股價崩盤暴跌了百分之八十七。後來，美國的財經專家即以擦鞋童大談股票經，做為股市熱絡到極點的表徵，而發展出擦鞋童理論。

如果我們進一步從各方面去分析，就會發現此一理論非常有道理：

❶從資金面而言，若連原本不注意股市的（ 如擦鞋童）都大談股票時，股票已成為全民運動，表示可動用的資金均投入股市了，接著因無資金繼續推升股市，股價必跌。

❷從技術面而言，多頭行情走到最後，因為投資人一致看好，這時股價全面上漲，可是買氣用盡之後，必定盛極而衰，最後一定多殺多崩盤暴跌。

❸從實際面而言，到了多頭行情的末升段，外資、投信、自營商、大股東以及穩健的投資人全跑光了，剩下不怕死的散戶與投機客，行情當然很快就會結束了。

在擦鞋童理論中，「擦鞋童」並非一定指擦鞋的童子而已，它其實是個代名詞，泛指不應與股市發生關係的人。舉臺灣於七十九年初的股市為例，情況跟一九二九年的美國華人街股市一模一樣，人人談股票整個臺灣社會為股票而瘋狂，醫生上午做股票而不看病，公務員邊聽行情邊上班，老師不好好教書，司機不開車，工人不做工，大家都擠進號子裏面，甚至連學生、和尚、尼姑等都出現在股市，這些學生、和尚、尼姑等就是另類打扮的擦鞋童。

Key Word *19*
股票箱理論

　　股票箱理論（Box Theory）是由20世紀美國芭蕾舞星尼古拉‧達瓦斯（Nicolas Darvas）發明的理論。他是股票的門外漢，可是卻能在工作之餘，以3000美元開始操作股票，結果在幾年之內就賺進兩百多萬美元，並寫了一本股票書《我如何在股市賺進兩百萬美元？》。這件事經美國的《時代》（TIME）雜誌報導之後，一時之間，他的「股票箱理論」非常受到重視！

　　這一套理論是短線投機操作的法寶。尼古拉從不買廉價的股票，他只買會漲的股票。他把某一階段股票的漲跌視之為股票箱。當股價在第一個股票箱內起起伏伏時，他只是冷靜觀察分析，絕對不採取任何行動。一直到股價確實上升到第二個股票箱，甚至第三個股票箱時，才會進場買進。

　　他在買進股票之後，只要股價不回跌，就不會賣出。有人問他為何不趁股價高漲時脫手，他回答說：「一部賣座鼎盛的影片，何必下片呢？」意思是當股票上漲時，沒有理由賣得太早。

尼古拉買進股票之後，股價上漲了一大段，當股價已經漲不上去，而且股價即將從上一個股票箱下降到下一個股票箱，上一個股票箱的底部就是停損點，當股價破底時，馬上賣掉。

一般投資人的停損點是為了虧錢而設的，尼古拉卻認為停損點是為了賺錢而設的。舉例來說，設10%的停損點，意思是當買進股票後，如果股價不漲反跌，若下跌10%時就斷然賣出，以降低損失程度。

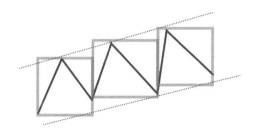

▲上漲趨勢時，股價漲多了必然會獲利回吐，然導致股價下跌，但是當市場上的籌碼消化的差不多的時候，股價自然會再產生另一段漲升行情，如此的周而復始到達一個頭部為止的。

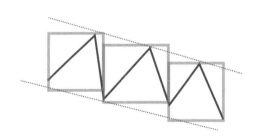

▲下跌趨勢時，股價跌多了必然會有反彈出現，但隨之又有賣壓出現，造成了另一段的跌幅，如此的周而復始到達一個底部為止。

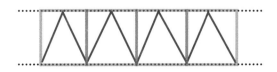

▲在盤整時，也可以大概的畫出股票箱，以區間的操作為主。

Key Word *20*
黃金分割率理論

　　黃金分割率（GoldenSection），又叫做黃金切割率。它是把1切割為0.382與0.618的比值，用來預測大盤、個股股價。據說這個和諧、神祕而又美妙的比率，是來自埃及金字塔以及維納斯塑像的啟示。人們認為壯觀動人的金字塔，其高度與底部邊長之比，是最和諧的；人們也認為維納斯的頭長與耳長之比，是最迷人的。這種能呈現最美視覺效果的比率，大約等於五比八，於是就換算為0.382和0.618。

　　同時，將一段長度平分為等長的兩個部分，也能產生均衡的效果，所以0.5也是一個重要的參考比率。此外，再把0.382除以0.5得出0.191，加上它的相對比率0.809，兩者也可以納入黃金分割率的範圍內。因而，黃金分割率一共包含了0.191、0.382、0.5、0.618、0.809、1，還包括1.382、1.5、1.618、2.382、2.5、2.618等倍數。

　　13世紀，數學家法布蘭斯從研究金字塔中發現金字塔的幾何形狀有五個面，八個邊，總數為十三個層面。由任何一邊看入去，都可以看到三個層面。一個金

字塔五角塔的任何一邊長度都等於這個五角型對角線（Diagonal）的0.618。還有，底部四個邊的總數是36524.22寸，這個數字等於光年的一百倍！他於是寫了一本書，關於一些奇異數字的組合。黃金分割率的傳說，更囂塵上。另外，還有人研究過向日葵，發現向日葵花有89個花瓣，55個朝一方，34個朝向另一方。這無疑又把黃金分割率的神祕數字傳說，推向了高峰。

黃金分割率在股價預測的運用，是根據以下的方法：

第一種方法：以股價近期走勢中重要的高點或低點為計算測量未來走勢的基礎，當股價上漲時，以股價低點為基數，跌幅在達到某一黃金比時較可能受到支撐。當行情接近尾聲，股價發生急升或急跌後，其漲跌幅達到某一重要黃金比時，則可能發生轉勢。

第二種方法：行情發生轉勢後，無論是止跌轉升的反轉抑或止升轉跌的反轉，以近期走勢中重要的高點和低點之間的漲額作為計量的基數，將原漲跌幅按0.191、0.382、0.5、0.618、0.809分割為五個黃金點。股價在未來的走勢將有可能在這些黃金點上遇到暫時的壓力或支撐。

舉例：當下跌行情結束前，某股的最低價10元，那麼，股價反轉上升時，投資人可以預先計算出各種不同的反壓價位，包括：10×（1＋19.1％）＝11.9元；10×（1＋38.2％）＝13.8；10×（1＋61.8％）＝16.2元；10×（1＋80.9％）＝18.1元；10×（1＋100％）＝20元；10＋（1＋119.1％）＝21.9元，然後，再依照實際股價變動情形做斟酌。

相反的，當上升行情結束前，某股最高價為30元，那麼，股價反轉下跌時，投資人也可以計算出各種不同的持價位，也就是30×（1－19.1％）＝24.3元；30×（1－38.2％）＝18.5元；30×（1－61.8％）＝11.5元；30×（1－80.9％）＝5.7元。

然後，依照實際變動情形做斟酌。

Key Word *21*
江恩的「甘氏理論」

　　以《甘氏理論》聞名於世的威廉・江恩，是二十世紀最偉大的投資家之一。他一生中經歷了第一次世界大戰、1929年的股市大崩潰、30年代的大蕭條和第二次世界大戰，在這個動蕩的年代中賺取了5,000多萬美元利潤。

　　江恩其為人矚目的故事是1909年10月在《股票行情和投資文摘》雜誌工作人員的監察下，在25個交易日進行了286次交易，平均20分鐘1次，其中，有264次獲利損失只有22次，獲利率竟達92.3%，使原始資金增長了1000%。

　　還有一次，江恩預測1909年9月小麥期權將會見1.20美元。但到了9月30日12時，該期權仍然在1.08美元之下徘徊，江恩的預測眼看就要落空。江恩卻說：如果今日收市時不見1.20美元，將表示我整套分析方法都有錯誤。但在收市前一小時，小麥衝上1.20美元，震動了整個市場。

　　江恩在1928年11月3日出版的第二年展望中，預言了1929年的股市大崩盤，1929年10月29日道瓊一天下跌了23%，引發了世界性的經濟危機。

江恩的理論晦澀難懂而又高深莫測，但只要有心探求，將會發現他留下許多線索中，「規律」是一個重點！

江恩的21條股票操作買賣守則：

1、每次買、賣股票，損失不應超過資金的十分之一。

2、永遠都要設立停損價位，減少買賣出錯時的損失。

3、永遠不過度買賣。

4、永遠不讓持股由賺錢變到賠錢的地步。

5、永遠不逆勢操作。市場趨勢不明顯時，寧可退場觀望。

6、有懷疑，就先賣掉持股休息。進場時要堅決，最忌諱猶豫不決。

7、只在活躍的市場買賣。買氣清淡時不宜操作。

8、進出股市時，絕不設定目標價，也不限價買賣，而只服從市場走勢。

9、如無適當理由，不將所持倉平盤，可先停利，落袋為安。

10、在市場連戰皆捷後，可將部分利潤抽出，以備急時之需。

11、買股票切忌只等著分紅收息（賺市場差價第一）。

12、買賣遭損失時，切忌賭徒式加碼，以謀求攤低成本。

13、不要因為不耐煩而進場，也不要因為不耐煩而平倉。

14、切忌造成「賺少賠多」的買賣。

15、進場時所訂下的停損單，不宜隨便取消。

16、做多錯多，進場要等候機會，不宜買賣太密。

17、做多做空自如，不應只做單邊。

18、不要因為價位太低而買進，也不要因為價位太高而放空。

19、永不對沖。

20、儘量避免在不適當時搞金字塔加碼。

21、如無適當理由，不要隨便更改所持股票的買賣策略。

PART 2

分析關鍵字
K線圖型×21個

學股票，

K線是第一課。

從一根K線入門，

新手只要花一點時間，

就能領略K線分析行情的便利與智慧。

Key Word 22
K 線理論

　　「K線理論」相傳為日本江戶時代一位名叫「本間宗久」（1724年～1803年）的大米商所發明。目前，這種圖表分析法在台灣、大陸和整個東南亞地區都很流行。由於用這種方法繪製出來的圖表形狀很像一根根蠟燭，加上這些蠟燭有黑白之分，因而叫做「陰陽線」。也由於這種圖形類似蠟燭，所以，也稱為「蠟燭圖」。

　　股價經過一段時間的記錄後，在圖上即形成一種特殊區域或形態，不同的形態顯示出不同意義。我們可以從這些形態的變化中摸索出一些有規律的東西出來。

　　K線圖形態可分為反轉形態、整理形態、缺口和趨勢線等，

　　K線的優點是能夠全面透徹地觀察到市場的真正變化。我們從K線圖中，既可看到股價（或大盤）的趨勢，也同時可以瞭解到每日市況的波動情形。然而，K線也有其缺點，因為陰線與陽線的變化很多，對初學者來說比較難掌握分析，同時也不如柱線圖那麼簡單。

Key Word *23*
K線圖

　　K線是由每日的「開盤價」、「最高價」、「最低價」與「收盤價」等四個價格所組成。**它是把多空力道增減或互換的過程，利用圖形化的技巧表現出來。從K線的型態，可以看出多空雙方決戰過程。所以，即使是單一K線的本身，也具有表徵多空的能力。**

　　至於K線的繪製方法，首先我們要找到該日或某一週期的最高和最低價，垂直地連成一條直線；然後再找出當日或某一週期的開盤和收盤價，把這二個價位連接成一條狹長的長方柱體。假如當日或某一週期的收盤價較開盤價為高（即低開高收），這種柱體就稱之為「陽線」；如果當日或某一週期的收盤價較開盤價為低（即高開低收），這柱體就是「陰線」了。

　　台灣對於收盤價大於開盤價時的口語化稱法為「收紅」，反之則稱為「收黑」。所以，收紅就是陽線，收黑就是陰線。

　　從技術分析的角度來說，日、週、月K線圖，才較具有參考價值。

Key Word *24*
陽線

　　陽線是Ｋ線的一種圖形，有大陽線、小陽線、帶上影線的陽線、帶下影線的陽線，以及上下均帶影線的陽線等五種。

　　其中的大陽線和小陽線分別說明如下：

一、大陽線

　　大陽線是陽線的一種圖形，因為它的實體部位較長，是呈現長紅棒的模樣，所以叫做大陽線。當股價收盤價格高於開盤價格時，就會呈現這種「大陽線」的圖形來。這種形態表示這檔股票的買盤較強，賣盤較弱。

　　例如「真明麗」股票（代碼：911868）在2013年10月11日的開盤價是2.98元，最高價是3.09元，最低價是2.98元，收盤價是3.09元。像這樣的結果，便呈現出無上下影線的「大陽線」來。這個陽線是以紅色的實體來表現的。

圖24-1　實體部位的長紅棒就是「大陽線」。

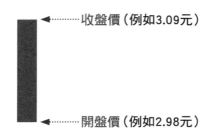

收盤價（例如3.09元）

開盤價（例如2.98元）

圖 24-2 「真明麗」10.11出現大陽線。

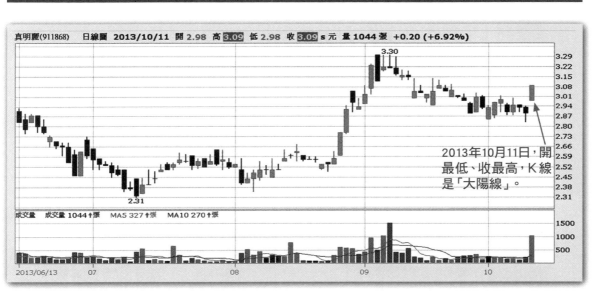

2013年10月11日，開
最低、收最高，K線
是「大陽線」。

（圖片來源：XQ全球贏家）

二、小陽線

至於小陽線，雖然也表示這檔股票的買盤較強，賣盤較弱，但它的實體部位較
大陽線短，一樣屬於低開高收的格局（收盤價格高於開盤價格）。

這種K線形態的上下價位波動不大，多方力量雖大，但由於強攻的時機尚未成熟，所以不敢大幅向上攻擊。而空方當日雖作戰失敗，但仍有反攻的力量與機會。多方只是稍佔優勢。

例如巨庭（1539）在2013年8月9日的開盤價是13.0元，最高價是13.4元，最低價是13.0元，收盤價是13.4元。開盤便是最低價，收盤則是最高價。上下波動幅度不大。這樣便呈現出無上下影線的小陽線來。這個陽線是以較短的紅色實體來表現。

圖24-3　紅K棒中，沒上下影線，可是實體較短的，就是「小陽線」。

　　◄·········· 收盤價（例如13.4元）

　　◄·········· 開盤價（例如13.0元）

圖 24-4 實體部位的短紅棒，就是「小陽線」

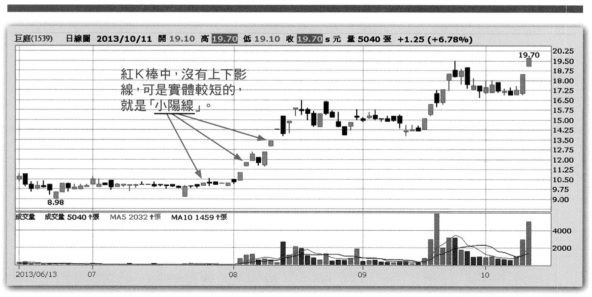

（圖片來源：XQ全球贏家）

Key Word *25*
陰線

一、大陰線

　　與陽線相似，陰線是K線的一種圖形，有大陰線、小陰線、帶上影線的陰線、帶下影線的陰線，以及上下均帶影線的陰線等五種。

　　陰線是屬於開最高、收最低的走勢，這說明空方的力量較強。

　　現在舉個大陰線的例子：

　　沛波（6248）在2013年10月9日的長黑K棒，就是「大陰線」。

　　它的開盤價是6.5元，最高價是6.5元，最低價是6.14元，收盤價是6.14元。

　　像這樣的結果，便呈現出無上下影線的大陰線來。

　　這個陰線看盤軟體上通常是以黑色的實體來表現。

圖25-1 實體部位的長黑棒（底色黑時作反白色），就是「大陰線」

←········ 開盤價（例如6.50元）

←········ 收盤價（例如6.14元）

圖 25-2 沛波（6248）在2013年10月9日的長黑Ｋ棒，就是「大陰線」。

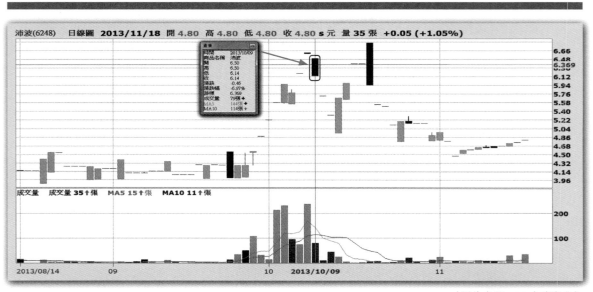

（圖片來源：XQ全球贏家）

二、小陰線

　　和小陽線相反的，小陰線表示這檔股票的買盤較弱，賣盤較強，但它的實體部位較大陰線短，屬於高開低收的格局（開盤價格高於收盤價格）。

這種K線形態的上下價位波動不大，**空方力量雖大，但多方仍在抵抗，空方僅能將股價逐漸向下壓，儘管多方在當天的爭鬥中失敗，但仍有反攻力量與機會。空方只是稍佔優勢。**

例如「成霖」股票（9934）在2013年9月2日的開盤價是21.5元，最高價是21.5元，最低價是20.9元，收盤價是20.9元。開盤便是最高價，收盤則是最低價。上下波動幅度不大。這樣便呈現出無上下影線的小陰線來。

圖25-3　實體部位的小黑棒，就是「小陰線」。

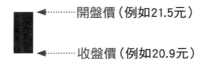

············· 開盤價（例如21.5元）

············· 收盤價（例如20.9元）

圖 25-4　2013年9月2日的「成霖」，就是一個「小陰線」的K棒。

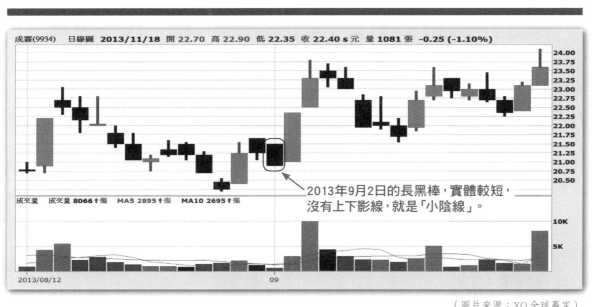

2013年9月2日的長黑棒，實體較短，沒有上下影線，就是「小陰線」。

Key Word *26*
上影線

不論是陽線還是陰線，假如你在上方看見一條細線，那就是上影線，下方的則稱為下影線。 上影線愈長表示賣方力道愈重，若出現下影線愈長則表示買方力道愈強。比較上、下影線的長度，則可以看出多空的力道的強弱。最簡單的解釋：上影線就是「上檔的壓力」。以下用四幅圖形來加以解釋，投資人一看就明白——

圖一是有上影線、無下影線的紅體線。上影線在最高價和收盤價之間這一段。

圖二是有上影線、無下影線的黑體線。上影線在最高價和開盤價之間這一段。

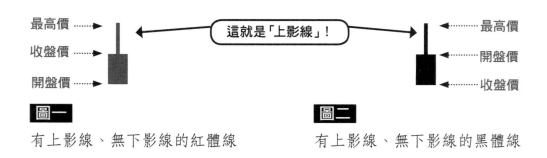

有上影線、無下影線的紅體線　　　　有上影線、無下影線的黑體線

圖三是有上影線也有下影線的紅體線。上影線在最高價和收盤價之間這一段。

圖四是有上影線也有下影線的黑體線。上影線在最高價和開盤價之間這一段。

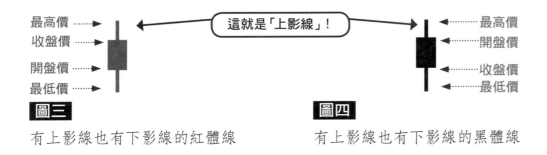

有上影線也有下影線的紅體線　　　　有上影線也有下影線的黑體線

Key Word *27*
下影線

不論是陽線還是陰線，假如你在上方看見一條細線，那就是上影線，下方的則稱為下影線。上影線愈長，表示賣方力道愈重；如果出現下影線，愈長則表示買方

力道愈強。比較上、下影線的長度，則可以看出多空的力道的強弱。

　　最簡單的解釋，下影線就是「下檔的支撐」。

　　以下就用四幅最常見的圖形來加以解釋，投資人一看就明白了：

　　圖一是無上影線、有下影線的紅體線。下影線在開盤價和最低價之間這一段。

　　圖二是無上影線、有下影線的黑體線。下影線在收盤價和最低價之間這一段。

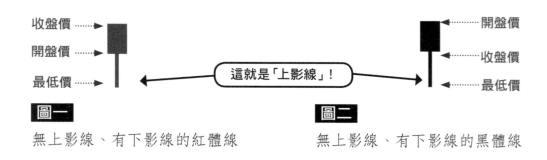

無上影線、有下影線的紅體線　　　　　　無上影線、有下影線的黑體線

　　圖三是有上影線也有下影線的紅體線。下影線在開盤價和最低價之間這一段。

　　圖四是有上影線也有下影線的黑體線。下影線在收盤價和最低價之間這一段。

有上影線也有下影線的紅體線　　　　　　有上影線也有下影線的黑體線

Key Word *28*
十字線

當股票的單一K線出現十字線時就代表著：當天的開盤價等於收盤價，並出現上影線與下影線。**這種線圖出現，通常被視為股價即將出現變盤的訊號。至於是準備變好？還是變壞？即將上漲？還是下跌？則可從上影線與下影線的長短，判斷出多空力道的強弱。所以，這種十字線，又可稱為「變盤線」或「試探線」。**

如果懂得「十字線」的定義的話，可以這麼說，某一檔股票當天的開盤價＝收盤價，同時，最高價都高於這兩者，最低價也都低於這兩者，那麼，不用看圖形，就可以知道，這一天的單一K線，一定是一個標準的「十字線」！

如2013年9月27日、9月30日、10月2日這三天的「精誠」（代號：6214），都是技術線型的十字線。幾乎連續三個十字線，宣告股價的新方向——盤旋向上。

它已經過一段盤整的階段，所以雖然不在底部區，仍然向上。如果不是經過盤整，十字線的變盤在半山腰就不一定是向上的。這一點，讀者必須了解。

圖28-1 經過一段盤整期之後的十字線，意味股價即變盤。

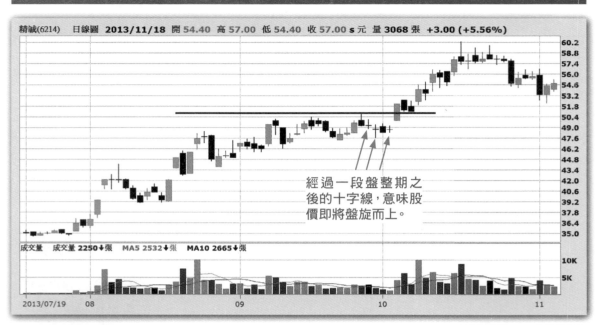

經過一段盤整期之
後的十字線，意味股
價即將盤旋而上。

（圖片來源：XQ全球贏家）

Key Word *29*
一字線

　　當某一天，一檔股票的單一Ｋ線出現這種「一」字線時，就代表著：當天的這檔股票非常強勢或非常弱勢，所以連個上影線或下影線都沒有，也就是說：開盤價、收盤價、最高價、最低價，都是同一個價格。

　　通常，當跳空漲停或跳空跌停，出現一字線，就表示投資人極度看好或者極度看壞。

　　根據這樣的定義，我們就可以知道，「一字線」的Ｋ線型態，可分為兩種：

一、跳空漲停的「一字線」

　　開盤價＝收盤價＝最高價＝最低價＝漲停價。這也正是「跳空漲停」的最佳詮釋了。例如2013年10月11日的「源恆」（4502），開盤價＝收盤價＝最高價＝最低價＝漲停價＝5.08元。

　　這樣強勢的「一字線」，是不用多作解釋了。因為直到收盤時，還有485張的股票等著買它而買不到！

圖29-1 2013年10月11日的「源恆」（4502），是一價到底的股票。

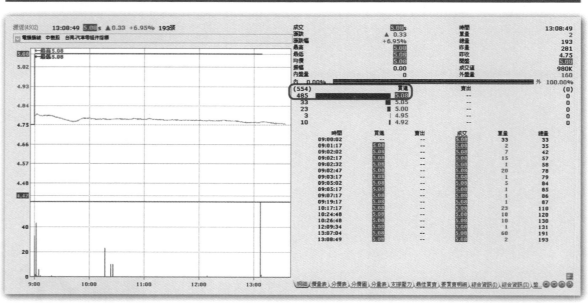

圖29-2 2013年10月11日的「源恆」（4502），是標準的「一字線」K線型態。

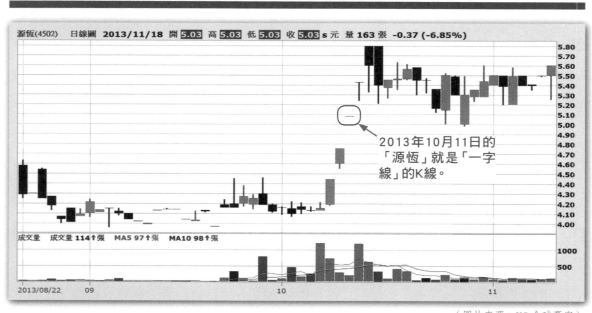

2013年10月11日的「源恆」就是「一字線」的K線。

二、跳空跌停的「一字線」

　　開盤價＝收盤價＝最高價＝最低價＝跌停價。這是「跳空跌停」的最佳詮釋。

圖29-3　亨豐（6242）在2013年10月11日的分時走勢圖。

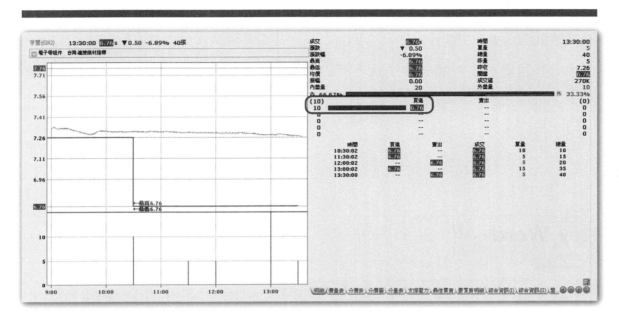

圖29-4　亨豐（6242）在2013年10月11日的Ｋ線圖。

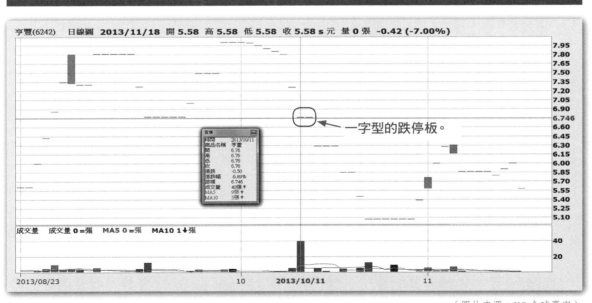

（圖片來源：XQ全球贏家）

如2013年10月11日的亨豐（6242），開盤價＝收盤價＝最高價＝最低價＝跌停價＝6.76元。

這樣弱勢的「一字線」，直到收盤時，還有10張的股票等著出售卻賣不掉！由於成交量極小，所以並不是上午9時1分就跌停，而是在開盤的第一筆交易（上午10時30分2秒）才跌停。

由於開盤和收盤都一樣是跌停板的價位，所以這樣也叫做「一字線」的跌停板。

Key Word *30*
T字線

當某一天，一檔股票的單一K線出現「T」字線時，就代表著：開盤價等於收盤價，也等於最高價。**意思就是：這檔股票的股價雖然一度下跌，但是買盤仍舊強**

勁，終於將股價推升回到了高點。

圖30-1　「巨擘」（8053）股票在2013年10月11日的分時走勢圖。

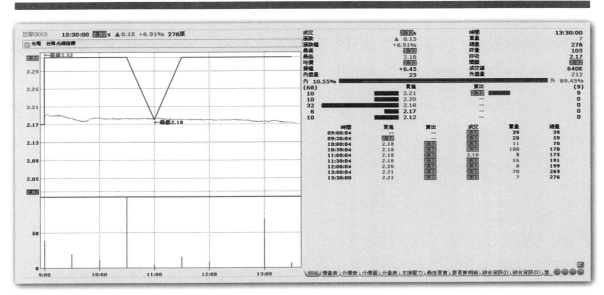

圖30-2　「巨擘」（8053）股票在2013年10月11日的Ｋ線圖。

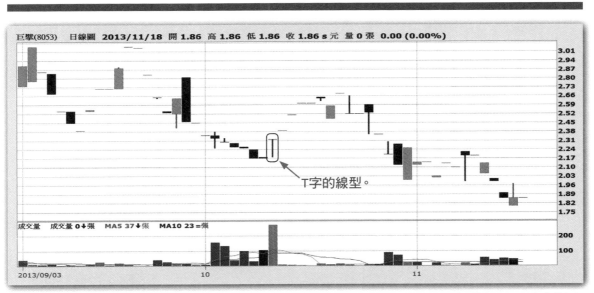

（圖片來源：XQ全球贏家）

　　T字線的行進過程就是：先開盤，一開盤就是最高價了，不管開紅盤還是開黑
盤，總之，其後有一段下殺的過程，產生了最低價。接著，買盤出現了，經過一段

力爭上游的過程，到尾盤臨收時，拉回了開盤同樣的價位。這個過程似乎有點「浪子回頭」、「回心轉意」的意思。

T字線的基本公式是：開盤價＝收盤價＝最高價。最低價必須低於前三項。

舉例來說，2013年10月11日的「巨擘」（8053），開盤價＝收盤價＝最高價＝2.32元。最低價為2.18元。這樣的數據在日Ｋ線圖中，必然是個最標準的T字線！

Key Word *31*
倒T字線

單一Ｋ線出現倒「T」字線時，就代表著：開盤價等於收盤價，也等於最低價。**意思就是：這檔股票的股價雖然一度向上攻，但是終於不敵賣壓，敗下陣來，收盤時又將股價推回到了最低點。**

圖31-1 「台達電」（2308）在2013年10月11日的分時走勢圖。

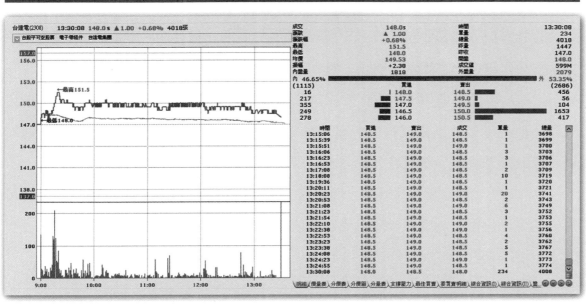

（圖片來源：XQ全球贏家）

圖31-2 「台達電」（2308）在2013年10月11日的 K 線圖。

倒T字的線型。

（圖片來源：XQ全球贏家）

倒T字線的行進過程就是：先開盤，一開盤就是最低價了，不管開紅盤還是開黑盤，總之，其後有一段上攻的過程，產生了最高價。接著，賣壓出現了，經過一段下殺的過程，到尾盤臨收時，又打回原形，回到開盤同樣的價位。這個過程似乎有點當沖作價，到了高點又將它「獲利回吐」的意味。

　　這樣的股價表現似乎「沒什麼出息」，但是，**另外也有一種可能，就是主力在吃貨，他把股價拉上去又打回，以便繼續吸低價的貨，直到手上有足夠的籌碼為止。如果真是這樣，那麼後市就「未可等閒」了！**

　　T字線是：開盤價＝收盤價＝最低價。最高價必須高於前三項。如2013年10月11日的「台達電」開盤價＝收盤價＝最低價＝148元。最高價為151.5元就是。

Key Word *32*
日 K 線圖

在日K線圖中，一根K線就代表著一天的股價變化情形。

圖32-1　昇陽科股票在2013年11月18日的日K線圖。

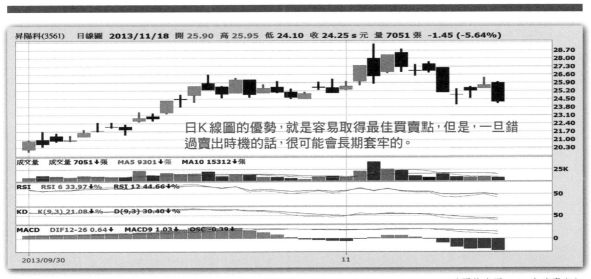

昇陽科(3561)　日線圖　**2013/11/18** 開 **25.90** 高 **25.95** 低 **24.10** 收 **24.25 s** 元 量 **7051** 張　**-1.45 (-5.64%)**

日K線圖的優勢，就是容易取得最佳買賣點，但是，一旦錯過賣出時機的話，很可能會長期套牢的。

28.70
28.00
27.30
26.60
25.90
25.20
24.50
23.80
23.10
22.40
21.70
21.00
20.30

成交量　成交量 7051↓張　MA5 9301↓張　MA10 15312↓張

25K

RSI　RSI 6 33.97↓%　RSI 12 44.66↓%

50

KD　K(9,3) 21.08↓%　D(9,3) 30.40↓%

50

MACD　DIF12-26 0.64↓　MACD9 1.03↓　OSC -0.39↓

0

2013/09/30　　　　　　　　　　　　　　　　11

（圖片來源：XQ全球贏家）

Key Word *33*
週K線圖

在週K線圖中，一根K線就代表著一週的股價變化情形。

圖33-1 「昇陽科」（3561）的週線圖。

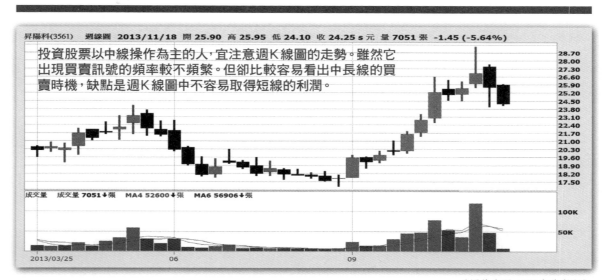

（圖片來源：XQ全球贏家）

Key Word *34*
月K線圖

在月K線圖中，一根K線就代表著一個月的股價變化情形。

投資股票以長線操作為主的人，宜注意月K線圖的走勢。雖然它出現買賣訊號的頻率非常少。但卻比較不容易受短線買賣訊號的影響，且可找出長線投資的最佳買賣時機，缺點是月K線圖無法獲得短線可能產生的價差。

這裡舉一個實例說明，看月K線圖，我們可以買到長線的低價位置。例如奇力新（代號：2456），從它的月K線圖可以看出，「最近」的一次長線買點，在2009年2月2日左右，當天的最低價位是6.58元，收盤是7.12元。平均大約是在7元左右。這就是一個長線的大買點！一年之後，到2010年2月26日為止，它的股價已是四倍了！

懂得選擇飆股訣竅的人，自然知道怎麼判斷是否為低點。不懂的人請看方天龍所著的《波段飆股》，必可獲得研判的秘訣。否則這樣的圖，看了也是白看。本書旨在解釋什麼是月K線圖，所以只能點到為止。

圖34-1 「昇陽科」（3561）的月線圖。

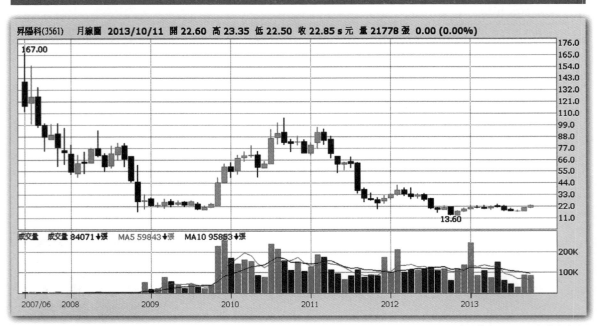

（圖片來源：XQ全球贏家）

Key Word *35*
支撐線

　　「支撐線」是在圖形上每一個「谷底最低點」所畫的連接線。在一段時間內，於某一個價位區域內出現或預期出現買方力量大於賣方力量，股價因而向上彈升，這就稱為「支撐」。這表示說，股票的價位來到了這一條線附近，投資人就會有較高的投資意願。「支撐線」是用來衡量一定時間內「股價底部」的一條虛擬線，通常用來判斷股價是否值得買進，**因為一定時間內出現多次股價位於該虛擬線上都沒有跌破，意味著它確實具備較大的支撐力量。不過，一旦該支撐被跌破的話，後市就有持續探底的可能。**支撐線是投資人判定買賣價位的重要參考指標之一。它也是多頭重兵部署的地區，買方在這裡建立了強大的防禦工事，準備迎擊來犯的「空頭」勢力；萬一多頭在此失守，空頭必定衝破支撐，股價就會一路下滑！

　　支撐線有以下幾個特色：

❶股票專業刊物預測股價將跌到何處，那些點就會形成支撐點。

❷成交量大的價格區域，也就是成交密集區，經常形成支撐。

❸從K線圖來看，每次股價下跌到某一個價位即反彈上漲，這裡就是支撐點。

❹就長期來說，股價回復到前一波大跌的三分之一、二分之一或三分之二，極可能形成支撐。

❺移動平均線的位置，都可能形成支撐。

❻過去的歷史低點，也常是支撐所在。

圖35-1

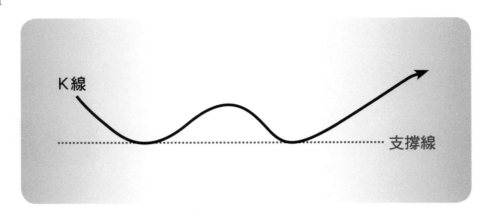

Key Word *36*
壓力線

　　「壓力線」與支撐線，都是投資人判定買賣價位的重要參考指標之一，但兩者的情況恰恰相反。「壓力線」是一定時間內股價波段高點連接而成的一條虛擬線，通常在壓力線附近，都會出現較大的賣壓，**若股價無法突破壓力線可視為賣出訊號，相反的，股價如果伴隨著大量突破壓力線，則可視為買進訊號，因為壓力線的賣壓經過買進量能的推升，即可能化解壓力存在。**

　　大抵來說，在一段時間內，於某一個價位區域內出現或預期出現賣方力量大於買方力量，股價因而向下滑落，這就稱為「壓力」。

　　「壓力線」有以下幾個特色：

❶當股價走勢到達某一水準、不再繼續上升時，那兒就似乎具有「壓力」。股票專業刊物預測股價將上漲到何處，那些點就會形成壓力點。

❷成交量大的價格區域，也就是成交密集區，經常形成壓力。

❸從Ｋ線圖來看，每次股價上升到某個價位即反轉下跌，這裡就是壓力所在。

❹就長期來說，股價回復到前一波大漲的三分之一、二分之一或三分之二，極可能形成壓力。

❺移動平均線的位置，都可能形成壓力。

❻過去的歷史高點，也常是壓力所在。

圖36-1

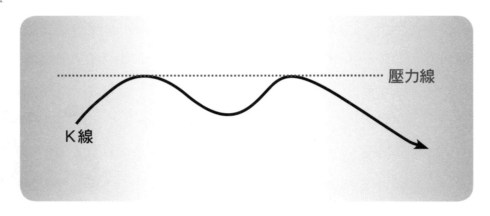

Key Word *37*
趨勢線

趨勢線（Trend Line）是圖形分析中最基本的技巧之一。

所謂「趨勢線」就是指在圖形上每一個波浪頂部「最明顯高點」之間的連接線；或者指在圖形上每一個波浪谷底「最明顯低點」之間的連接線。

「趨勢線」可分為「支撐線」和「壓力線」。**連接股價波動高點的直線為「下降趨勢線」，連接股價波動低點的直線為「上升趨勢線」。根據波動的時間又可分為長期趨勢線（連接長期波動點）和中期趨勢線（連接中期波動點）。**

當上升趨勢線跌破時，就是一個出貨訊號。在沒跌破之前，上升趨勢線就是每一次回檔的支撐。當下降趨勢線突破時，就是一個買進訊號。在沒突破之前，下降趨勢線就是每一次上漲的壓力。同時，當一種股票隨著固定的趨勢移動的時間愈久，這樣的趨勢就越可靠。

在長期上升趨勢中，每一個變動都比改正變動的成交量高，當有非常高的成交量出現時，這可能為中期變動終了的信號，緊隨著而來的將是反轉趨勢。

在中期變動中的短期波動結尾，大部分都有極高的成交量，頂點比底部出現的情況更多，不過在恐慌下跌的底部常出現非常高的成交量，這是因為在頂點，股市沸騰，散戶盲目大量搶進，大戶與做手乘機脫手，於底部，股市經過一段恐慌大跌，無知散戶信心動搖，見價就賣，而此時其實已到達長期下跌趨勢的最後階段，於是主力會開始大量買進，因而造成了高成交量。

此外，每一條上升趨勢線，需要兩個明顯的底部，才能決定；每一條下跌趨勢線，則需要二個頂點。趨勢線與水準所成的角度愈陡，愈容易被一個短的橫向整理所突破，因此愈平愈具有技術性意義。股價的上升與下跌趨勢，在末期都有加速上升與下跌的現象。所以，大盤反轉的頂點或底部，大都遠離趨勢線。

圖37-1　K線圖上的幾個「波」的低點相連接，且向上所畫的一條虛擬線（只為研判行情），通常這一條趨勢線附近都具有較強買進力道，為股價支撐區。

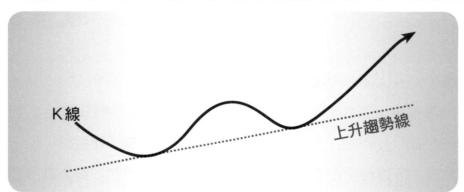

圖37-2　K線圖上的幾個「波」的高點相連接，且向下所畫的一條虛擬線（只為研判行情），通常在這一條趨勢線附近都具有較強賣壓，形成股價壓力區。

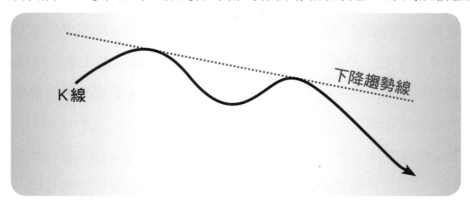

Key Word *38*
軌道線

　　軌道線(Channel Line)，有時也叫做「趨勢軌道」（Trend Channel），又稱「通道線」或「管道線」，因為它是由趨勢線發展而來的一種方法。在畫出了趨勢線之後，通過第一個「峰」和「谷」，可以作出這條趨勢線的平行線，這條平行線就是軌道線。

　　軌道線是趨勢線概念的延伸，當股價沿著趨勢上漲到某一價位水準，會遇到壓力，回檔至某一水準，價格又獲得支撐，軌道線就在接高點的延長線及接低點的延長線之間上下來回，當軌道線確立後，股價就很容易找出高低價位所在。投資人可依此判斷來操作股票。

　　只要瞭解「趨勢線」的原理，就很容易明白什麼是技術圖形的「軌道」。簡單地說，它是利用兩條直線，分別把高點和低點接連起來，因而形成一個通道的形狀，這就是「軌道」。

　　和趨勢線一樣，軌道線也有是否被確認的問題。股價在某一個位置如果確實得

到支撐或受到壓力而在此掉頭，並一直走到趨勢線上，那麼這條軌道線就可以被認可了。

當然，軌道線被觸及的次數越多，延續的時間越長，其被認可的程度和其重要性就越高。

軌道線的另一個作用是提出趨勢轉向的警報。如果在一次波動中未觸及到軌道線，離得很遠就開始掉頭，這往往是趨勢將要改變的訊號。它說明，市場已經沒有力量繼續維護原有的上升或下降趨勢了。

軌道線和趨勢線是互助合作的。**先有趨勢線，後有軌道線。趨勢線比軌道線重要得多**。趨勢線可以獨立存在，而軌道線則不能。

請見附圖，軌道線分上、中、下軌。它的用法如下：

❶股價向上突破中軌是短線買進信號，股價向下突破中軌是短線賣出信號。尤其當股價持續下行或上行後突破中軌的壓力或支撐，這時的信號準確度較高。

❷股價向上突破上軌是短線極佳的買進時機。如果此後股價快速上升，那麼當股價跌破上軌時是短線極佳的賣出時機；如果此後股價只是緩慢上行，那麼就選擇跌破中軌作為賣出信號。

❸股價向下突破下軌是短線極強烈的賣出信號。如果此後股價快速下跌，那麼當股價向上突破下軌時是短線極佳的買進時機；如果此後股價只是緩慢下行，那麼就選擇向上突破中軌作為買進信號。

❹軌道線收斂變窄預示著股價的突變，這時應密切注意它的變動方向。

❺軌道線的買賣訊號以短線為主。如果趨勢明顯，可按照趨勢來操作，如果趨勢不明顯，應該採取快進快出的操作。

圖38-1　這是「日月光」（2311）的MA軌道線。

圖38-2　這是「日月光」（2311）的B Band軌道線。

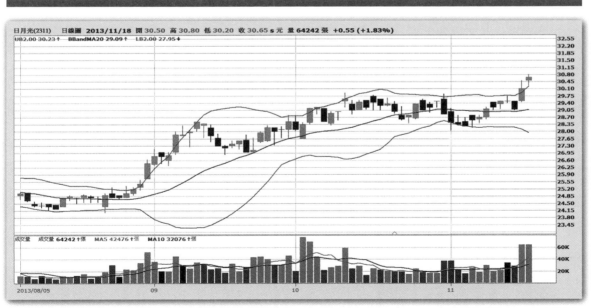

Key Word *39*
紅三兵

　　K線的製作方法，如果收盤價高於開盤價，K線實體以空白表示，稱為紅K線（棒）或陽K線（棒）。

　　在空頭走勢中，常常會出現一、兩根紅K線，結果只是小反彈而已，無法凝聚多頭氣勢、將趨勢扭轉。如果能夠出現連續三根紅K線，而且至少包含二根長紅線或跳空大漲，就代表多頭已建立灘頭堡，很有機會扭轉趨勢由空翻多。一般稱這種連續三根紅K線為「紅三兵」。

　　日線出現紅三兵，表示短線翻多；週線出現紅三兵，表示中線看漲；月線看到紅三兵，一般都代表多頭市場來臨。

　　不過，紅三兵的位置很重要，如果在低谷出現的紅三兵，比較適合追價；一旦已經大漲一兩倍了，在高檔上的紅三兵，股價就隨時可能「休息」。這一點，請特別注意。舉例來說，「僑威」（3078）在2013年10月8日、9日、11日三天的行情，就是「紅三兵」（見次頁圖）。

Key Word *40*
黑三兵

　　K線的製作方法，若收盤價低於開盤價，K線實體以塗黑表示，稱為黑K線（棒）或陰K線（棒）。

　　在多頭走勢中，如果出現連續三根黑K線，而且至少包含二根長黑線或跳空大跌，就代表空方已掌握優勢，通常漲勢就此終結。一般稱呼這種連續三根黑K線稱為「黑三兵」。

　　日線出現黑三兵，表示短線翻空；週線出現黑三兵，表示中線看跌，月線看到黑三兵，一般都代表空頭市場來臨。

　　舉例來說，2013年10月3日、4日、7日三天的「昇銳」（3128），就出現「黑三兵」的線型，明顯短線翻空了。

圖39-1　「僑威」（3078）在2013年10月8日、9日、11日的行情就是「紅三兵」。

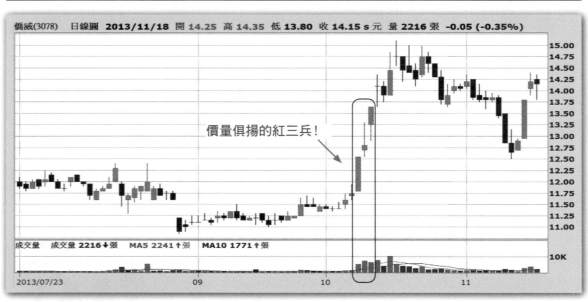

價量俱揚的紅三兵！

（圖片來源：XQ全球贏家）

圖40-1　2013年10月3日、4日、7日三天的「昇銳」（3128）「黑三兵」的線型

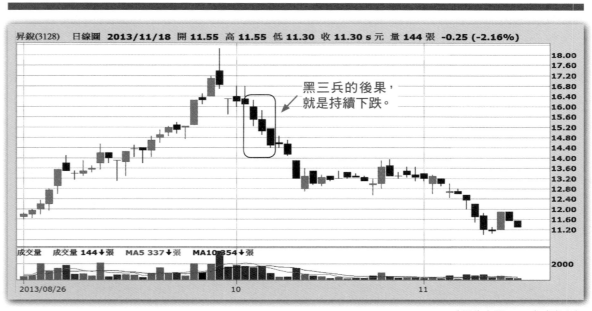

黑三兵的後果，
就是持續下跌。

（圖片來源：XQ全球贏家）

Key Word *41*
陰包陽

「陰包陽」，表示空方力道十分強勁，後勢看跌。如果一根陰線包住五根以上的陽線，這種「一陰包五陽」的K線，一般都會帶來猛烈的跌勢。

圖41-1

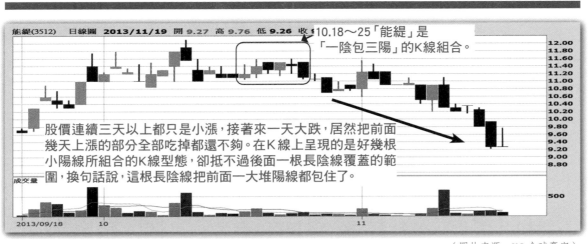

（圖片來源：XQ全球贏家）

Key Word *42*
陽包陰

　　股價雖然連日下挫，卻有跌不下去的感覺，一連三天以上都只是小小的黑K線，接著多頭強力反攻，一天內大漲收長紅線，將前面一大堆小陰線都包起來。

圖42-1

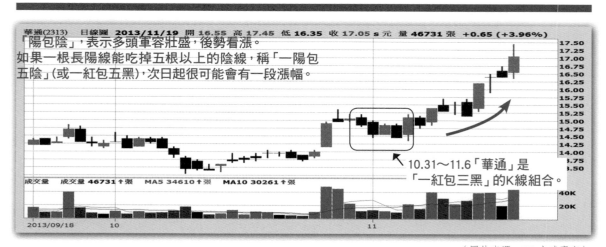

華通(2313)　日線圖　**2013/11/19** 開 16.55 高 17.45 低 **16.35** 收 17.05 s 元　量 **46731** 張 +0.65 (+3.96%)

「陽包陰」，表示多頭軍容壯盛，後勢看漲。
如果一根長陽線能吃掉五根以上的陰線，稱「一陽包
五陰」（或一紅包五黑），次日起很可能會有一段漲幅。

10.31～11.6「華通」是
「一紅包三黑」的K線組合。

成交量　成交量 46731↑張　　MA5 34610↑張　　MA10 30261↑張

2013/09/18　　10　　　　　　　　　　　　　　11

（圖片來源：XQ全球贏家）

PART 3

買賣點關鍵字
走勢型態×22個

精準的捉住對的時機進場，
就要靠價格型態的辨識。
熟練價格圖形，
是以股創富的不二法門。

Key Word *43*
頭肩頂（反轉型態）

頭肩頂，又叫做「三尊頭」——共有三個高點，在三個高點之間的兩個次高點連接起來，就成為「頸線」。

這種圖形所以被指稱是反轉形態，是因股價趨勢逆轉所形成的，也就是股價由漲勢轉為跌勢，或由跌勢轉為漲勢的信號。所謂的「反轉型態」，不一定是由好變壞，有時也由壞變好。總之，它就是一種「變盤」。

頭肩頂走勢，可以劃分為以下幾種不同的部分：

❶左肩部分——持續一段上升的時間，成交量很大，過去在任何時間買進的人都有利可圖，於是開始獲利賣出，令股價出現短期的下跌，成交量比上漲到頂點時有明顯的減少。

❷頭部——股價經過短暫的下跌後，又有一次強力的上漲，成交量也跟著增加。不過，成交量的最高點比起左肩部分，明顯減退。股價突破上次的高點後再一次下跌。成交量在這期間也同樣減少。

❸右肩部分──股價下跌到接近上次的下跌低點又再獲得支持回升，可是，市場投資的情緒明顯減弱，成交量比左肩和頭部明顯減少，股價沒法抵達頭部的高點便跌下來了，於是形成右肩部分。

❹突破──從右肩頂下跌穿破由左肩底和頭部底所連接的底部頸線，它突破頸線的幅度會超過市價的3％以上。

簡單地說，頭肩頂的形狀呈現三個明顯的高峰，其中位於中間的一個高峰比其他兩個高峰的高點還更高一些。至於成交量方面，則出現階梯式的下降。

一般來說，左肩和右肩的高點大致相等，部分頭肩頂的右肩較左肩為低。但如果右肩的高點較頭部還要高，型態便不能成立。如果其頸線向下傾斜，就表示多頭非常疲憊了。

以成交量來說，左肩最大，頭部次之，而右肩最少。不過，根據某些統計指出，大約有三分之一的頭肩頂左肩成交量較頭部為多，三分之一的成交量大致相等，其餘的三分之一是頭部的成交量大於左肩的。

當頸線跌破時，不必成交增加的訊號出現，就該有所準備了。如果成交量在跌破時激增，表示市場的賣壓力量非常大，股價會在成交量增加的情形下加速下跌。

在跌破頸線後可能會出現暫時性的反彈，這情形通常會在低成交量的跌破時出現。不過，暫時性的反彈應該不會超越頸線的位置。

圖43-1　下圖為頭肩頂的反轉形態。

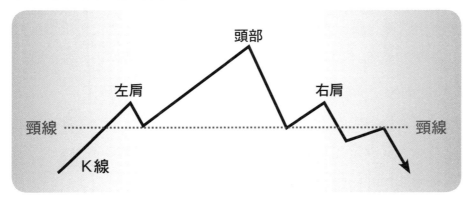

頭肩頂是一個殺傷力很強的形態，通常它的跌幅大於量度出來的最少跌幅。

　　萬一股價最後在頸線位置回升，甚至高於頭部，或者股價於跌破頸線後回升高於頸線，這可能是一個失敗的頭肩頂，那結果就不同了。

　　請看圖41-2，「康師傅」（910322）從2013年10月11日往前看20～30天的日線圖，就形成一個「頭肩頂」型態。它的相似度至少有89%。

圖 43-2　「康師傅」（910322）從2013年10月11日往前看20～30天的日線圖，就形成一個「頭肩頂」型態。

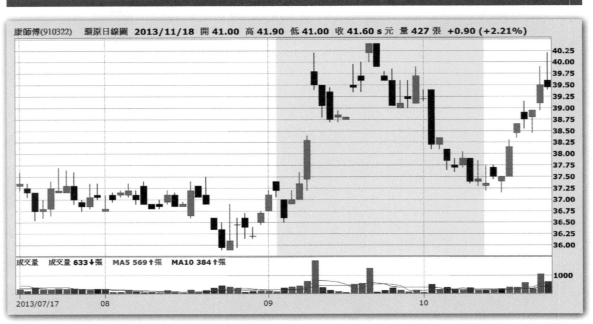

（圖片來源：XQ全球贏家）

Key Word *44*
頭肩底（反轉型態）

　　頭肩底和頭肩頂的形狀一樣，只是整個型態倒轉過來而已，又稱「倒轉頭肩式」。

　　形成左肩時，股價下跌，成交量相對增加，接著為一次成交量較小的上漲。接著股價又再下跌且跌破上次的最低點，成交量再次隨著下跌而增加，較左肩反彈階段時候多——形成頭部；從頭部最低點回升時，成交量有可能增加。整個頭部的成交量來說，較左肩為多。

　　當股價回升到上次的反彈高點時，出現第三次的下跌，這時的成交量很明顯少於左肩和頭部，股價在跌到左肩的位置時，跌勢便穩定下來，形成右肩。

　　最後，股價正式再來一次漲勢，且伴隨成交大量增加，當其頸線壓力衝破時，成交更顯著上升，整個型態便告成立。

　　頭肩底的意義和頭肩頂沒有兩樣，它告訴我們過去的長期性趨勢已扭轉過來，股價一次再一次的下跌，第二次的低點（頭部）顯然較先前的一個低點為低，但很

快地掉頭彈升，接下來的一次下跌股價未跌到上次的低點水準已獲得支持而回升，反映出看好的力量正逐步改變市場過去向淡的形勢。當兩次反彈的高點壓力線（頸線）打破後，顯示看好的一方已完全把空方擊倒，買方代替賣方完全控制整個市場。

基本上，頭肩頂和頭肩底的形狀差不多，主要的區別在於成交量。

當頭肩底頸線突破時，就是一個真正的買進訊號，雖然股價和最低點比較，已上漲一段幅度，但漲勢只是剛剛開始，投資人應該繼續追蹤。至於漲幅的測量方法是從頭部的最低點畫一條垂直線相交於頸線，然後在右肩突破頸線的一點開始，向上量同樣的高度，所得出的價格就是該股將會上漲的最小幅度。

另外，當頸線壓力突破時，必須要有成交量激增的配合，否則這可能是一個錯誤的突破。不過，如果在突破後成交逐漸增加，型態也可確認。

一般來說，頭肩底型態較為平坦，因此需要較長的時間來完成。

請看圖42-2　「凌群」從2013年10月11日往前看20～30天的日線圖，就形成一個「頭肩底」型態。它的相似度至少有85%。

圖44-1　下圖為頭肩底的反轉形態。

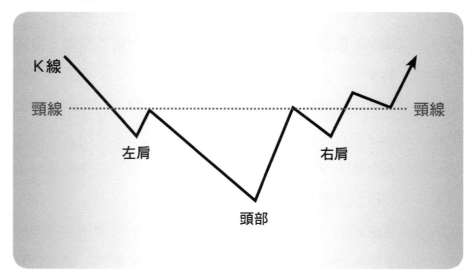

圖 44-2 「凌群」的「頭肩底」日線圖。

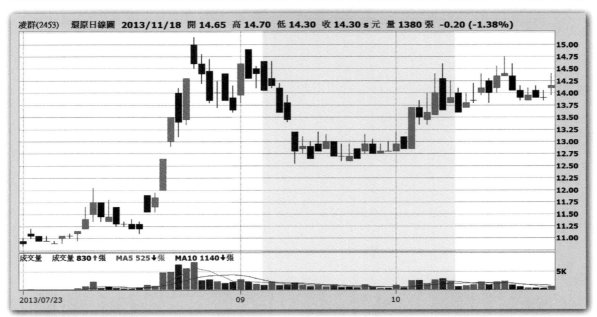

（圖片來源：XQ全球贏家）

Key Word *45*
複合頭肩型（反轉型態）

　　複合頭肩型是頭肩式（頭肩頂或頭肩底）的變形走勢，其形狀和頭肩式十分相似，只是肩部、頭部、或兩者同時出現不只一次。

　　大致來說，反轉型態的複合式頭肩型可分為以下幾大類：

❶一頭雙肩式型態：

　　一個頭分別有二個大小相同的左肩和右肩，左右雙肩大致平衡。

　　比較多的是一頭雙右肩，在形成第一個右肩時，股價並不馬上跌破頸線，反而掉頭回升，不過回升卻止於右肩高點之下，最後股價繼續沿著原來的趨勢向下。

圖45-1

❷一頭多肩式型態：

一般的頭肩式都有對稱的傾向，因此當二個左肩形成後，很有可能也會形成一個右肩。除了成交量之外，圖形的左半部和右半部幾乎完全相等。

圖45-2

❸多頭多肩式型態：

在形成頭部期間，股價一再反彈，而且反彈到上次同樣的高點水準才向下下跌，形成明顯的兩個頭部，也可稱作兩頭兩肩式走勢。有一點必須留意：成交量在第二個頭往往會較第一個減少。

複合頭肩型態的分析意義和普通的頭肩式型態一樣，當在底部出現時，即表示一次較長期的漲勢即將來臨；假如在頂部出現，顯示市場將轉趨下跌。

在形成複合頭肩型的初期，因成交量可能不規則，使型態難以辨認，但稍久就很容易看出它和頭肩型的趨勢完全一致。

圖45-3

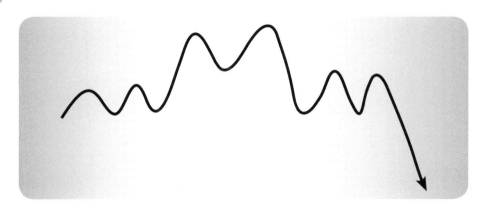

許多人都高估複合頭肩型態的預期上漲（或下跌）威力，其實複合頭肩型態的力量往往較普通的頭肩型態為弱。

在中期性趨勢出現時，複合頭肩型態完成其最少漲幅（或跌幅）便不再繼續下去，而普通頭肩型態的上漲（或下跌），往往是較其量度出來的幅度為大的。

圖45-4　下圖為複合式頭肩頂的反轉形態。

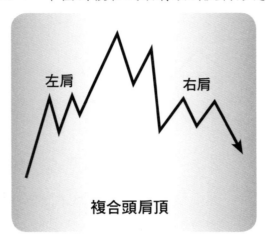

複合頭肩頂

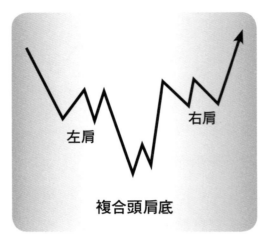

複合頭肩底

Key Word *46*
單日（雙日）反轉（反轉型態）

　　當股票持續上漲，在某個交易日中股價突然不尋常地被推高，但馬上又受到了強大的賣出壓力，把當日所有的漲幅都完全跌去，甚至可能還會多跌一部分，並以全日最低價（或接近全日最低價）收市。這個交易日就叫做「頂部單日反轉」。

　　兩日反轉就是這型態的變形。在上漲的過程中，某交易日該股股價大幅攀升，並以全日的最高價收盤。可是，隔一天的股價卻以昨天的收盤價開盤後，全日價格不斷下跌，把昨日的漲幅完全跌光，而且可能是前一天的最低價收盤。這走勢的表現就稱之為頂部「兩日反轉」或「雙日反轉」。

　　同樣在下跌時，某個交易日裡股價突告大幅滑落，但接著的一個交易日便完全收復失地，並以當日最高價收盤，這就是底部兩日反轉。

　　以底部單日反轉為例，加以解釋：在下跌的階段中，由於股價不斷下跌，愈來愈多的投資者沒法承擔更大損失，於是認賠殺出。他們的賣出使得股價進一步被壓低，更低的價格使他們更急於賣出，因此使得當日價位急速下跌。當他們賣完之

後，上檔的壓力突告消失，其他投資者因為新低價的引誘而嘗試買進，馬上就獲得利潤，於是有更多的投資人加進買股票的行列，由於較早時賣盤已全被消化，因此買盤很快便推動股價上升，把當天跌去的價位全部升回。

單日反轉型態的市場至少有幾點含義：

❶ **大市暫時見頂（當頂部單日反轉出現），或是見底（當底部單日反轉出現）。頂部單日反轉通常在消耗性上升的後期出現；底部單日反轉則是在恐慌性拋售的末段出現。**

❷ 這並非是長期性趨勢逆轉的訊號，通常在整理型態的頂部中出現，雖然亦可能在長期性趨勢的頂點（或底點）出現。

❸ 單日反轉當天，成交量突然大增，且價格的波動幅度很大，兩者較平時都明顯增大。如果成交量不高或全日價格波幅不大，型態就不能確認。

❹ 當日股價一、二個小時內的波動可能較平時三、四個交易日的波幅更大。頂部單日反轉時，股價開市較上個交易日高出很多，但很快地形勢逆轉過來，價格迅速以反方向移動，最後這一天的收盤價和上個交易日比較幾無變化。底部單日反轉情形則是完全相反。

❺ 一般在臨收市前15分鐘，交投突然大增，價格迅速朝反方向移動。

❻ 二日反轉的成交和價位，兩天的波幅同樣巨大。頂部二日反轉第二個交易日把前交易日的升幅完全跌去；而底部二日反轉則完全升回前交易日的跌幅。

圖46-1　下圖為單日（雙日）的反轉形態。

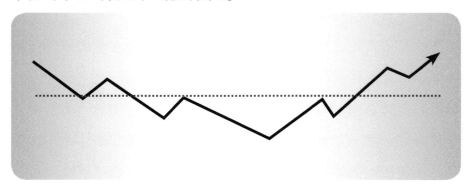

Key Word *47*
圓形頂（反轉形態）

　　股價呈弧形上升。即雖不斷升高。但每一個高點上升不了多少就下跌　，先是新高點較前點高，後是回升點略低於前點，這樣把短期高點連接起來，就形成一圓形頂。在成交量方面也會有一個圓形狀。

　　經過一段買方力量強於賣方力量的升勢之後，買方趨弱或僅能維持原來的購買力量，使漲勢緩和，而賣方力量卻不斷加強，最後雙方力量均衡，此時股價會保持沒有漲跌的靜止狀態。如果賣方力量超過買方，股價就下跌　，開始只是慢慢改變，跌勢不明顯，但後期則由賣方完全控制市場，跌勢便告轉急，說明一個大跌市快將來臨，未來下跌之勢將轉急轉大，那些先知先覺者在形成圓形頂前離市，但在圓形頂完全形成後，仍有機會撤離。

　　因應圓形頂的圖形，有幾點需要注意：

❶有時圓形頭部形成後，股價並不馬上下跌，只反復向橫發展形成徘徊區域，這徘徊區稱作碗柄。一般來說，這碗柄很快便會突破，股價繼續朝著預期中的下跌趨

勢發展。

圓形反轉在股價的頂部和底部均會出現，其型態相似，意義相反。在底部時表現為股價呈孤形下跌，初時賣方的壓力不斷減輕，於是成交量持續下降，但買人的力量仍畏縮不前，這時候股價雖是下跌，然而幅度緩慢和細小，其趨勢曲線漸漸接近水準。在底部時買賣力量達致均衡狀態，因此僅有極小的成交量。然後需求開始增加，價格隨著上升，最後買方完全控制市場，價格大幅上揚，出現突破性的上升局面。成交量方面，初時緩慢地減少到一個水準，然後又增加，形成一個圓底形。這型態顯示一次巨大的升市即將到臨。投資者可以在圓形底升勢轉急之初追入。

　　舉例來說，請看圖47-1，「凌陽」從2013年10月11日往前看20～30天的日線圖，就形成一個「圓形頂」型態。它的相似度至少有88%。

圖 47-1

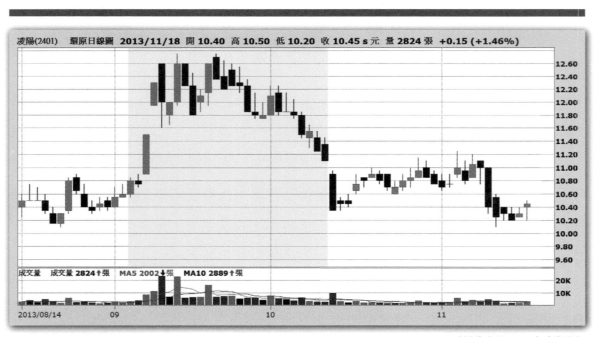

（圖片來源：XQ全球贏家）

Key Word *48*
雙重頂（底）（反轉形態）

　　股票上升到某一價格，出現大成交量，股價隨之下跌，成交量減少。接著股價又升至與前一個價格幾乎相等之頂點，成交量再隨之增加卻不能達到上一個高峰的成交量，再第二次下跌，股價移動軌跡就像M字。就是雙重頂，又稱M頭走勢。

　　股票持續下跌到某一點後出現技術性反彈，但回升幅度不大，時間亦不長，股價又再下跌，當跌至上次低點時卻獲得支持，再一次回升，這次回升時成交量要大於前次反彈時成交量。股價在這段時間的移動軌跡就像W字型雙重底。

　　無論是「雙重頂」或「雙重底」，都須突破頸線（雙頭的頸線是第一次從高峰下跌 的最低點；雙底之頸線就是第一次從低點反彈之最高點），型態才算完成。

　　股價持續上升為投資者帶來了相當的利潤，於是他們賣出，這一股賣出力量令上升的行情轉為下跌。當股價下跌 到某水準，吸引了短期投資者的興趣，另外較早前賣出獲利的亦可能在這水準再次買進補回，於是行情開始回復上升。但與此同時，對該股信心不足的投資者會因覺得錯過了在第一次的高點出貨的機會而馬上在

市場出貨，加上在低水準獲利回補的投資者亦同樣在這水準再度賣出，強大有賣出壓力令股價再次下跌。由於高點二次都受阻而回，令投資者感到該股沒法再繼續上升（至少短期該是如此），假如愈來愈多的投資者賣出，令到股價跌破上次下跌的低點（即頸線），於是整個雙頭型態便告形成。

雙底走勢的情形則完全相反。

股價持續的下跌使得持有股票的投資者覺得價格太低而惜售，而另一些投資者則因為新低價的吸引嘗試買進，於是股價呈現回升，當上升至某水準時，較早前短線投機買進者獲利回吐，那些在跌市中持有股票的也趁回升時賣出，因此股價又再一次下挫。但對後市充滿信心的投資者覺得他們錯過了上次低點買進的良機，所以這次股價下跌 到上次低點時便立即跟進，當愈來愈多的投資者買進時，需求增加、供給減少的力量便推動股價揚升，而且還突破上次回升的高點（即頸線），扭轉了過去下跌的趨勢。

雙頭或雙底型態是一個轉向型態。當出現雙頭時，即表示股價的漲勢已經終結，當出現雙底時，即表示跌勢告一段落。

通常這些型態出現在長期趨勢的頂部或底部，所以當雙頭形成時，我們可以肯定雙頭的最高點就是該股的頂點；而雙底的最低點就是該股的底部了。

雙頭頸線跌破就是可靠的出貨訊號；而雙底頸線衝破，則是一個買進的訊號。

因應雙重頂（底）的圖形，有幾點需要注意：

❶雙頭的兩個最高點並不一定在同一水準，二者相差少於3％是可接受的。通常來說，第二個頭可能較第一個頭高出一些，原因是看好的力量企圖推動股價繼續再漲，可是卻沒法使股價上升超逾3％的差距。一般雙底的第二個底點都較第一個底點稍高，原因是先知先覺的投資者在第二次下跌時已開始買進，所以使得股價沒法再次跌回上次的低點。

❷雙頭最少跌幅的量度方法，是由頸線開始計算，至少會再下跌從雙頭最高點至頸線之間的差價距離。雙底最少漲幅的量度方法也是一樣，雙底之最低點和頸線之

間的距離，股價於突破頸線後至少會升抵相當長度。

❸形成第一個頭部（或底部）時，其下跌的低點約是最高點的10％－20％（底部回升的幅度也是相同。）

❹雙重頂（底）不一定都是反轉信號，有時也會是整理形態，這要視二個波谷的時間差決定，通常兩個高點（或兩個低點）形成的時間相隔超過一個月為常見。

❺雙頭的兩個高峰都有明顯高成交量，這兩個高峰的成交量同樣尖銳和突出，但第二個頭部的成交較第一個頭部顯著為少，反映出市場的購買力量已在轉弱。雙底第二個底部成交量十分低沉，但在突破頸線時，必須得到成交量激增的配合方可確認。雙頭跌破頸線時，不須成交量的上升也應該信賴。

❻通常突破頸線後，會出現短暫的反方向移動，雙底只要回檔不低於頸線（雙頭之反彈則不能高於頸線），型態依然有效。

舉例來說，請看圖48-1，「寶得利」從2013年10月11日往前看20～30天的日線圖，就形成一個「雙重頂」型態。

圖 48-1

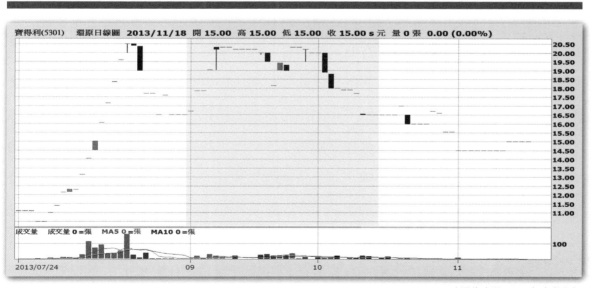

（圖片來源：XQ全球贏家）

Key Word *49*
三重頂（底）（反轉型態）

　　任何頭肩型，特別是頭部超過肩部不夠多時，可稱為三重頂（底）型。股價上漲一段時間後投資者開始獲利回吐，市場在他們的賣出下從第一個峰頂下跌，當股價落至某一區域即吸引了一些看好後市的投資者的興趣，另外以前在高價賣出的投資者亦可能逢低回補，於是行情再度回升，但市場買氣不是十分旺盛，在股價回復至與前一高位附近時即在一些減倉盤的拋售下，使得股價再度走軟，但在前一次回檔的低點被錯過前一低點買進機會的投資者及短線客的買盤拉起，但由於高點二次都受阻而回，令投資者在股價接近前兩次高點時都紛紛減倉，股價逐步下滑至前兩次低點時一些短線買盤開始停損，此時若愈來愈多的投資者意識到大勢已去而賣出，使得行情跌破上兩次下跌的低點（即頸線），三重頂型態便告形成。

　　三重底走勢則完全相反，股價下跌一段時間後，由於股價的調整，使得部分膽大的投資開始逢低吸納，而另一些高拋低吸的投資者亦部分回補，於是股價出現第一次回升，當升至某一水準時，前期的短線投機者及解套盤開始賣出，股價出現再

一次回挫。當股價落至前一低點附近時，一些短線投資者高拋後開始回補，由於市場拋壓不重，股價再次回彈，當回彈至前次回升的交點附近時，前次未能獲利而出的持倉者紛紛回吐，令股價重新下跌，但這次在前兩次反彈的起點處買盤活躍，當愈來愈多的投資者跟進買進，股價放量突破兩次轉折調整的高點，（即頸線），三重底走勢正式成立。因應三重頂（底）的圖形，有幾點需要注意：

❶三重頂（底）之頂峰與頂峰，或底谷與底谷的間隔距離與時間不必相等，同時三重頂之底部與三重底之頂部不一定要在相同的價格形成。

❷三個頂點價格不必相等，大至相差3％以內就可以了。

❸**三重頂的第三個頂，成交量非常小時，即顯示出下跌的徵兆，而三重底在第三個底部上升時，成交量大增，即顯示出股價具有突破頸線的趨勢。**

❹理論上講，三重底或三重頂最小漲幅或跌幅，底部或頂部愈寬，力量愈強。

　　圖49-1「寶得利」從2013年10月11日往前看60天的日線圖，形成一個「三重頂」。若從2013年10月11日往前看20～30天的日線圖，則形成一個「雙重頂」。

圖 49-1

（圖片來源：XQ全球贏家）

Key Word *50*
潛伏底（反轉型態）

　　股價在一個極狹窄的範圍內橫向移動，每日股價的高低波幅極少，且成交量亦十分稀疏，圖表上形成一條橫線般的形狀，這型態稱之為潛伏底。

　　經過一段長時間的潛伏靜止後，價位和成交量同時擺脫了沉寂不動的悶局，股價大幅向上搶升，成交亦轉趨暢旺。

　　潛伏底大多出現在市場淡靜之時，及一些股本少的冷門股上。，由於這些股票流通量少，而且公司不注重宣傳，前景模糊，結果受到投資者的忽視，稀少的買賣使股票的供求十分平衡。持有股票的人找不到急於賣出的理由，有意買進的也找不到急於追入的原因，於是股價就在一個狹窄的區域裡一天天地移動，既沒有上升的趨勢，也沒有下跌的跡象，表現令人感到沉悶，就像是處於冬眠時期的蛇，潛伏不動。

　　最後，該股突然出現不尋常的大量成交，原因可能是受到某些突如其來的消息，例如公司盈利大增、分紅前景好等的刺激，股價亦脫離潛伏底，大幅向上揚

或。在這潛伏底中，先知先覺的投資者在潛伏底形成期間不斷在作收集性買進，當型態突破後，未來的上升趨勢將會強而有力，而且股價的升幅甚大。

所以，當潛伏底明顯向上突破時，值得投資者馬上跟進，跟進這些股票利潤十分可觀，但風險卻是很低。

❶通常潛伏底時間應較長。

❷投資者必須在長期性底部出現明顯突破時方可跟進。突破的特徵是成交量激增。

❸在突破後的上升途中，必須繼續維持高成交量。

舉例來說，請看圖48-1，興泰（1235）在2013年10月8日、9日、11日之前，便是如此，每日股價的高低波幅極少，且成交量亦十分稀疏，圖表上形成一條橫線般的形狀，這型態稱之為潛伏底。其後的發展，從圖片便看出，不必多說了。

圖 50-1

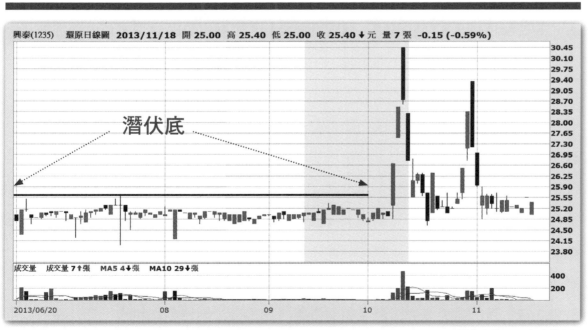

（圖片來源：XQ全球贏家）

Key Word *51*
∨型、延伸∨型、倒轉∨型

　　∨型走勢，可分為∨型、倒轉∨型、伸延∨型等三個部分。分別說明如下：

❶∨型：當股價在下跌階段時，通常∨型的左方跌勢十分陡峭，而且持續一段短時間。∨型的轉折點底部十分尖銳，一般來說，形成這轉折點的時間只有兩、三個交易日，而且成交在這低點明顯增多。有時候轉折點就在交易日的恐慌中出現。接著，股價從低點回升，成交量也跟著增加，於是形成了∨型的經典模式。

❷伸延∨型：「伸延∨型」走勢是「∨型走勢」的變形。在形成∨型走勢期間，其中上升（或是下跌）階段呈現變異，股價有一部分出現向橫發展的成交區域，其後打破這種類似「徘徊」的區域，繼續完成整個型態。

❸倒轉∨型：「倒轉∨型」和「倒轉伸延∨型」型態特徵與∨型走勢相反。

　　由於市場中賣方的力量很大，令股價穩定而又持續地挫落，當這股賣出的力量消失之後，買方的力量完全控制整個市場，使得股價出現戲劇性的回升，幾乎以下跌時同樣的速度收復所有失地；因此在圖表上股價的運行，形成一個像∨字般的移

動軌跡。倒轉 V 型情形則剛剛相反，市場看好的情緒使得股價節節扳升，可是突如其來的一個因素扭轉了整個趨勢，賣方以上升時同樣的速度下跌，形成一個倒轉 V 型的移動軌跡。通常這形態是由一些突如其來的因素或不能預見的因素所造成的。

V 型走勢是個轉向型態，顯示過去的趨勢已逆轉過來。

伸延 V 型走勢在上升或下跌階段，其中一部分出現橫行的區域，這是因為形成這走勢期間，部分人士對型態沒有信心，當這股力量被消化之後，股價又再繼續完成整個型態。

出現伸延 V 型走勢的徘徊區時，可以於徘徊區的低點買進，等整個型態完成。

伸延 V 型與 V 型走勢具有同樣的預測威力。

V 型、伸延 V 型、倒轉V型這三種型態，有些要點需要注意：

❶ V 型走勢在轉勢點必須有明顯成交量配合，在圖形上形成倒 V 型。

❷ 股價在突破伸延 V 型的徘徊區頂部時，必須有成交量增加的配合，在跌破倒轉伸延 V 型的徘徊底部時，則不必要成交量增加。

圖51-1　上圖左為V型、中為延伸V型、右為倒轉V型的反轉型態。

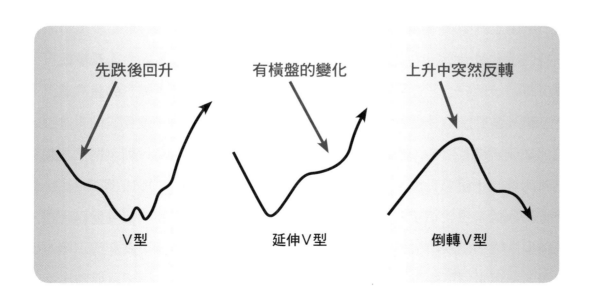

先跌後回升　　　有橫盤的變化　　　上升中突然反轉

V型　　　延伸V型　　　倒轉V型

Key Word *52*
喇叭型（反轉型態）

　　股價以狹窄的波動開始，然後和上下兩方擴大，如果我們把上下的高點和低點分別連接起來，就可以畫出一個鏡中反照的三角形狀，這便是喇叭形。

　　成交量方面，喇叭型在整個型態形成的過程中，保持著高而且不規則的成交。喇叭型分為上升型和下降型，其含義一樣。

　　整個型態是因為投資者衝動的投資情緒所造成，通常在長期性上升的最後階段出現，這是一個缺乏理性和失去控制的市場，投資者受到市場熾烈的投機風氣或傳言所感染，當股價上升時便瘋狂追上，但他們對市場的前景（或公司前景）卻一無所知，又或是沒有信心，所以當股價下跌時又盲目地加入拋售行列。他們衝動和雜亂無章的行動，使得股價不正常地大上大落，形成上升時，高點較上次為高，低點則較上次為低。至於不規則而巨額的成交，正反映出投資激動的買賣情緒。

　　這型態說明大跌市來臨前的先兆，因此喇叭型可說是一個下跌型態，暗示行情將到盡頭，可是型態卻沒有明確指出跌市出現的時間。只有當下限跌破時，型態便

可確定，未離市的投資者就該馬上賣出撤離了。因應喇叭型圖形，有如下要點：

❶ 一個標準的喇叭型應該有三個高點，二個底點。這三個高點一個比一個高，中間的二個低點則一個較一個低；當股價從第三個高點回跌，其下跌 的低點較前一個低點為低時，可以假設型態的成立。和頭肩頂一樣，喇叭型屬於「五點轉向」型態，故此一個較平緩的喇叭型也可視為有較高右肩和下傾頸線的頭肩式走勢。

❷ 這型態沒有最少跌幅的量度公式估計未來跌勢，但一般振幅都是很大。

❸ 這型態也有可能會向上突破，尤其在喇叭型的頂部是由兩個同一水準的高點連成，如果股價以高成交量向上突破（收盤價超越壓力水準3%），那麼這型態最初預期的分析意義就要修正，它顯示前面上升的趨勢仍會持續，未來的升幅將十分可觀。這是因為當喇叭型向上衝破時，理論上是一次消耗性上升的開始，顯示市場激動的投資情緒進一步擴大，投資者已失去理性的控制，瘋狂地不計價追入。當購買力消耗完結後，股價最終便大幅跌下來。

　　喇叭型範例請見圖50-1。

圖52-1

（圖片來源：XQ全球贏家）

Key Word *53*
菱型（反轉型態）

　　菱型的型態猶如鑽石，其頸線為 V 字狀。成交量如同三角狀，漸次減少。菱型實際是喇叭型和對稱三角型的結合。左半部和喇叭型一樣，第二個上升點較前一個高，下跌低點亦較前一個為低，當第三次回升時，高點卻不能升越第二個高點水準，接著的下跌下跌 點卻又較上一個為高，股價的波動從不斷地向外擴散轉為向內收窄，右半部的變化類似於對稱三角型。

　　當股價愈升愈高之際，投資者顯得衝動和失去理智，因此價格波動增大，成交亦大量增加，但很快地投資情緒漸漸冷靜下來，成交減少，股價波幅收窄，市場從高漲的投資意願轉為觀望，投資者等待市場進一步的變化再作新投資決定。

　　因應菱形的圖形，有幾點需要注意：

❶菱型很少為底部反轉，通常它在中級下跌前的頂部或大量成交的頂點出現，是個轉向型態。

❷當菱型右下方支持跌破後，就是一個賣出訊號；但如果股價向上突破右方壓力

時，而且成交量激增，那就是一個買進訊號。

❸ 其最小跌幅的量度方法是從股價向下跌破菱型右下線開始，量度出型態內最高點和最低點的垂直距離，這距離就是未來股價將會下跌的最少幅度。

圖53-1　菱型的圖形。

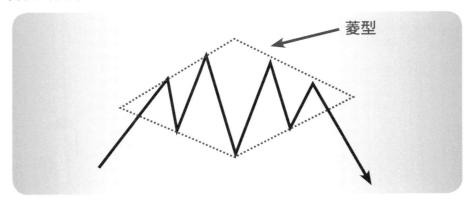

圖53-2　菱型的圖形。

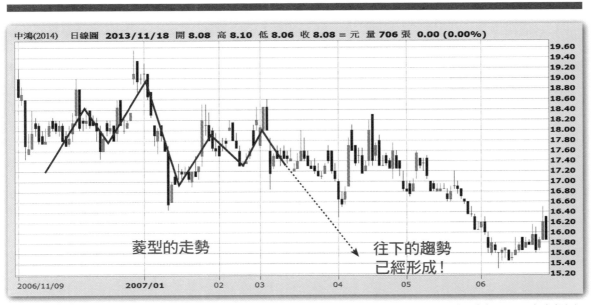

（圖片來源：XQ全球贏家）

Key Word *54*
整理型態

　　所謂整理，是指股價經過一段時間的快速變動後，就不再前進而在一定區域內上下窄幅變動，等待時機成熟後再繼續以往的走勢。

圖54-1

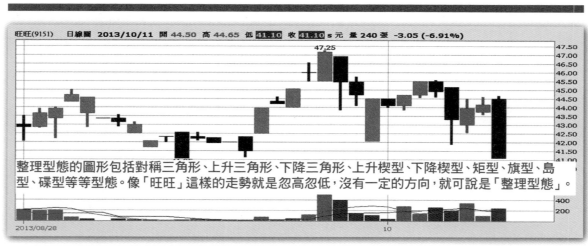

整理型態的圖形包括對稱三角形、上升三角形、下降三角形、上升楔型、下降楔型、矩型、旗型、島型、碟型等等型態。像「旺旺」這樣的走勢就是忽高忽低，沒有一定的方向，就可說是「整理型態」。

（圖片來源：XQ全球贏家）

Key Word 55
對稱三角形（整理型態）

　　對稱三角形由一系列的價格變動所組成，其變動幅度逐漸縮小，也就是說，每次變動的最高價，低於前一次的水準，而最低價比前一次水準較高，呈現一個「壓縮」狀態的圖形。如果從橫的方向看股價變動的領域，其上限為向下斜線，下限為向上傾線。我們把它的短期高點和低點，分別用直線連接起來，就可以形成一個相當對稱的三角形，也就是等腰三角形。對稱三角形成交量，因為愈來愈小幅度的股價變動而遞減，然後當股價突然形出三角形時，成交量便隨著變大了。

　　所以會形成對稱三角形，是因為買賣雙方的力量在該段價格區域內勢均力敵，暫時達到平衡狀態。當股價從第一個短期性高點跌下時，很快就被買方所消化，推動價格回升。但是，購買的力量對後市沒有太大的信心，又或是對前景感到有點猶疑，因此股價還沒回升到上次高點就掉頭了，於是再一次下跌。在下跌的階段中，那些想要賣出的投資人不願意太低價賤賣或對前景仍抱有希望，所以下挫的壓力並不強，股價還沒跌到上次的低點就又回升了，買賣雙方的觀望性僵持使股價的上下

小波動日漸縮窄，形成了此一型態。成交量在對稱三角形成的過程中不斷減少，正反映出多空雙方對後市猶疑不決的觀望態度，因而市場暫時沉寂。

一般情形之下，對稱三角形是屬於整理型態，即股價會繼續原來的趨勢移動。只有在股價向上方發出買進訊號時，才會明朗；相反的，如果股價是往下跌破時（在低成交量之下跌破），則是一個賣出訊號。

對稱三角型的最少升幅，量度方法是當股價往上突破時，從型態的第一個上升高點開始畫一條和底部平等的直線，我們可以預期股價至少會上升到這條線才會遇上壓力。至於股價上升的速度，將會以型態開始之前同樣的角度上升。綜合上述的說法，我們歸納成以下幾個要點：

❶一個對稱三角形的形成，必須要有明顯的兩個短期高點和短期低點出現。

❷對稱三角形的股價變動愈接近其頂點而未能突破界線時，其力量愈小，如果太接近頂點的突破即失效。通常在距離三角形底邊一半或四分之三的地方突破時，會產生最準確的移動結果。

❸向上突破，需要大成交量配合；向下突破，則未必需要大成交量。

假如對稱三角形向下跌破時有極大的成交量，可能是錯誤的跌破訊號，股價於跌破後並不會如理論般重挫。若股價在三角形的尖端跌破，且有高成交量的配合，情形更是如此；股價僅下跌一、兩個交易日後就很快地回升，將會有大漲的機會。

圖55-1　對稱三角形的整理型態。

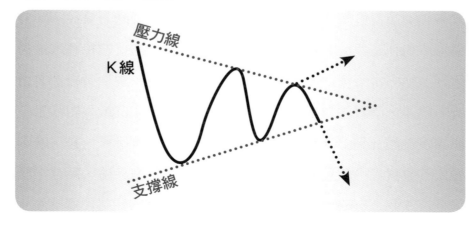

Key Word *56*
上升三角形（整理型態）

　　股價在某水準呈現當正當強大的賣壓，價格從低點回升到水準便告下跌　，但市場的購買力十分強，股價未回至上次低點即告彈升，這情形持續使股價隨著一條壓力水準線波動日漸收窄。我們若把每一個短期波動高點連接起來，可畫出一條水準壓力線；而每一個短期波動低點則可相連出另一條向上傾斜的線，這就是上升三角形。成交量在型態形成的過程中不斷減少。

　　上升三角形顯示買賣雙方在該範圍內的較量，但買方的力量在爭持中已稍佔上風。賣方在其特定的股價水準不斷賣出不急於出貨，但卻不看好後市，於是股價每升到理想的賣出水準便即賣出，這樣在同一價格的賣出形成了一條水準的供給線。不過，市場的購買力量很強，他們不待股價下跌　到上次的低點，更急不及待地購進，因此形成一條向右上方傾斜的需求線。另外，也可能是有計劃的市場行為，部分人士有意把股價暫時壓低，以達到逢低大量吸納的目的。注意要點如下：

❶上升三角形和下降三角形都屬於整理形態。上升三角形在上升過程中出現，暗示

有突破的可能，下降三角形正相反。

❷上升三角形在突破頂部水準的壓力線時，有一個短期買進訊號，且必須伴有大成
交量才能證實。

❸不過，上升三角形也有可能下跌，因此在向下跌破3％（以收盤價為準）時，宜
暫時賣出，等待形勢明朗再行介入。同時在向上突破時，若無大成交量配合時，
也不宜貿然投入。

圖56-1　上升三角形的整理型態。

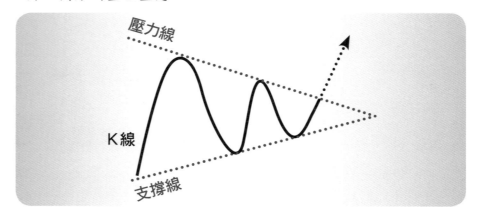

圖56-2　以「和進」為範例，說明上升三角形的整理型態。

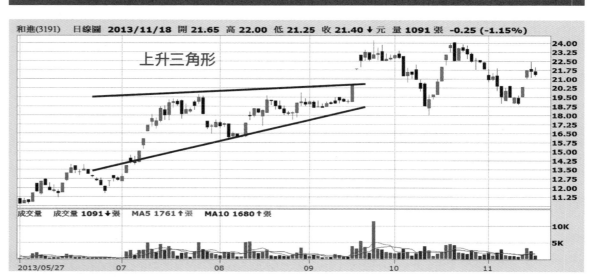

Key Word *57*
下降三角形（整理形態）

　　下降三角形的形狀與上升三角形恰好相反，股價在某特定的水準出現穩定的購買力，因此，每當股價跌到該水準便告回升，形成一定水準的需求線。可是市場的賣出力量卻不斷加強，股價每一次波動的高點都比前次為低，於是形成一條向下傾斜的供給線。成交量在完成整個型態的過程中，一直是無法放大。

　　看空的一方不斷地增強賣出壓力，股價還沒回升到上次高點便再賣出；而看好的一方堅守著某一價格的防線，使股價每回檔到該水準便獲得支持。此外，這型態的形成也可能是有人在找機會出貨，直到貨源賣光為止。注意要點如下：

❶下降三角形為整理形態。在股價下降過程出現，暗示股價有往下發展可能。

❷下降三角形在突破下部支撐線時有一個短期賣出訊號，同時當它向下突破時，不必有大成交量來證實。

❸下降三角形在向下發展時，也有可能向上突破，那就必須要超大的成交量，並把股價硬往上拉。這是人為的色彩居多。當發生這種不合技術線型常理的時候，我

們就得觀察股價在向下跌破時，如果出現回升，它是否阻於底線水準之下？在底線之下，應是主力「騙線」的假性回升。一旦突破底線3％，則向上反攻的圖型就失敗了。以「寶利徠」（1813）為範例，說明下降三角形的整理型態。

圖57-1　上升三角形的整理型態。

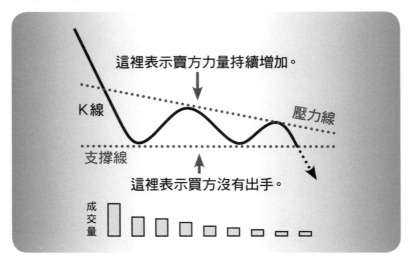

圖57-2　以「寶利徠」（1813）為範例，說明下降三角形的整理型態。

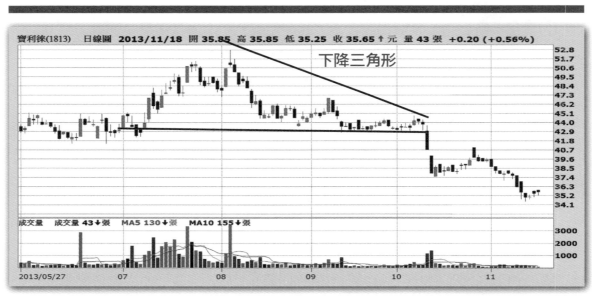

（圖片來源：XQ全球贏家）

Key Word *58*
上升楔型（整理型態）

　　什麼叫做楔型呢？木工可能比較清楚。歷史上著名的楔形文字，就是形狀像木楔的文字，是古代巴比倫人所用的文字。

　　在技術線型中的「楔型」，分為「上升楔型」和「下降楔型」。

　　「上升楔型」（Rising Wedge），是連接了好幾個「高峰」和「谷底」的趨勢線，它的形狀也和三角形的排列是相同的。但它和三角形有何不同呢？三角形排列的兩條趨勢線，一條是上升而另一條是下降的，或者其中一條線是平行狀態的；而楔型排列的兩條趨勢線，卻都呈現了相同的方向。向上傾斜的楔型，即表示跌勢暫時要中斷、要盤整了；而向下傾斜的楔型，則表示漲勢要暫時中斷、要盤整了。

　　從形態上來看，楔型是股價在二條收斂的直線中逐漸變動的。與三角形不同之處，就在於兩條線同時上傾或下斜。而成交量變化，則和三角形一樣向頂端遞減。

　　從表面上看來，上升三角形只有一邊上傾，所代表的是多頭趨勢，而上升楔型兩邊上傾，多頭趨勢應該更濃，但實際上並非如此，因為上升三角形的頂線代表股

價在一定價格才賣出，當供給被吸收後（上升界線代表吸收），上檔壓力解除，股價便會往上跳。然而，在上升楔型中，股價上漲，賣出壓力也不大，但投資人的興趣卻逐漸減少，股價雖上揚，可是每一個新的上升波動都比前一個弱，最後當需求被吸收光了、完全消失時，股價便會反轉回跌！因此，上升楔型只表示一個技術線型的逐漸轉弱而已。

綜合上述的理由，事實上，上升楔形只不過是一個整理型態，並且經常在大盤下跌的階段出現。當上升楔型出現時，所顯示的是「跌勢尚未見底」，頂多只是一次跌深的技術性反彈而已。當它跌破底線之後，反而就是賣出的訊號。

上升楔型的下跌幅度，至少會把才上漲的價格跌掉，甚至會跌得更多，因為它說明的是股價還沒見底。

一般來說，楔形需要兩個星期以上時間完成。無論上升楔型抑是下降楔型，上下兩條線必須明顯地收斂於一點，如果型態太過寬鬆，就不太可能形成。

雖然在大盤下跌的情形下，出現上升楔形時都是往下跌破的居多，但相反的，若是往上突破且成交量有明顯的增加，那麼型態就可能出現變化，這時候應該改變原來悲觀的看法，股價也許會沿著新的方向發展，展開一次新的漲勢。

同樣的，如果下降楔形不漲反跌，同時跌破支撐，型態也可能改變。這時，後市的看法就應該隨著大盤的變化而重新加以修正了。

圖58-1　上升楔型的圖形。

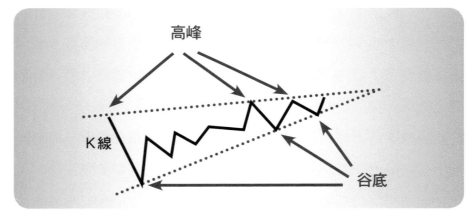

Key Word *59*
下降楔型（整理型態）

　　「下降楔型」（Falling Wedge）和上升楔型一樣，都是技術線型中的整理型態。但是它們的特點卻剛好相反，下降楔型是高點一個比一個低，低點也是一個比一個低，形成兩條同時下彎的斜線。

　　兩種楔型的情況都是越到最後，成交量越少。

　　從形態上來看，下降楔型和上升楔型是背道而馳的。股價經過一段時間上升後，出現了獲利回吐，雖然下降楔形的底線往下傾斜，似乎說明市場的承接力量不強，但新的「下跌波」比上一個「下跌波」的波幅小，說明這檔股票的賣出力量正減弱中，加上成交量在這階段中縮小，可以證明市場賣壓的減弱。

　　下降楔形的整理形態，通常出現在大盤於中、長期漲勢過程中的回檔調整階段。下降楔型的出現，告訴我們大盤的漲勢還沒見頂，這只是漲升後的正常調整現象。一般來說，形態大多是向上突破的，當它突破上面高峰連接點的壓力時，就是一個買進的訊號。

132
133

下降楔型和上升楔型有一個明顯不同之處，就是：上升楔型在跌破支撐後經常會出現急跌；但下降楔形往上突破壓力後，卻可能會向橫的方向發展，形成橫盤的局面，成交量仍然非常低迷，然後才慢慢開始上漲，成交量也跟著增加。當有了這種情形之後，投資人就要等股價打破橫盤僵局才考慮出手。

　　在下降楔型圖形中，高點不斷地往下，而低點也比前一次的低位還要來得低。一般投資人看到這種圖形，都會擔心這是一個不好的徵兆，其實，不用太憂慮，因為它很有可能會隨時往上反彈。

　　下降楔型是一種盤整的局面，且是在漲一陣子後所做的適度回檔而已，它的股價會暫時呈現疲態，但是在下降楔型完成，大部分的股價還是要往上攀升的。千萬不可太過於悲觀。下降楔型的「楔型」一旦突破向上時，不但不需要賣掉持股，甚至是可以買進的訊號；而向下跌破時，就必須賣出持股。

　　楔型的特色就是：它的波浪運動走勢越來越狹窄，越到末端，代表多空買賣雙方的勝負越來越明朗了，勝負即將分曉。所以，投資人越到這時候，越需要留意股價的變化，同時思索下一步該如何走。有一個簡單的應對策略，就是觀察股票的成交量。當楔型向上突破時，成交量如果大增，就表示真的突破了，投資人大可安心的進場買股票；相反的，並沒有大的成交量支持，那就是假突破，不宜有動作。

圖59-1 下降楔型的圖形。

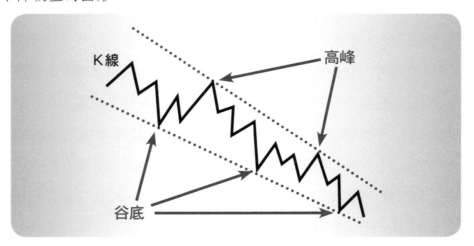

Key Word *60*
矩型（整理型態）

　　矩形是股價由一連串在二條水準的上下界線之間變動而成的型態。

　　股價在其範圍之內出現上落。價格上升到某水準時遇上壓力，掉頭下跌，但很快地便獲得支持而升，可是回升到上次同一高點時再一次受阻，而挫落到上次低點時則再得到支持。這些短期高點和低點分別以直線連接起來，便可以繪出一條通道，這通道既非上傾，亦非下降，而是平行發展，這就是矩形型態。

　　矩形為衝突型，是描述實力相當的爭戰雙方的競爭。

　　這型態明顯告訴我們，好淡雙方的力量在該範圍之間完全達致均衡狀態，在這段期間誰占不了誰的便宜。看好的一方認為其價位是很理想的買進點，於是股價每下跌到該水準即買進，形成了一條水準的需求線。與此同時，另一批看淡的投資者對股市沒有信心，認為股價難以升越其水準，於是股價回升至該價位水準，便即賣出，形成一條平行的供給線。

　　從另一個角度分析，矩形也可能是投資者因後市發展不明朗，投資態度變得迷

惘和不知所措而造成。所以，當股價回升時，一批對後市缺乏信心的投資者退出；而當股價下跌時，一批憧憬著未來前景的投資者加進，由於雙方實力相若，於是股價就來回在這一段區域內波動。

　　一般來說，矩形是整理形態，市道牛皮上落，順升市和跌市中都可能出現，長而窄且成交量小的矩形在原始底部比較常出現。突破上下了限後有買進和賣出的訊號，漲跌幅度通常等於矩形本身寬度。

　　矩形有幾個要點：

❶矩形形成的過程中，除非有突發性的消息擾亂，其成交量應該是不斷減少的。如果在型態形成期間，有不規則的高成交出現，型態可能失敗。當股價突破矩形上限的水準時，必須有成交量激增的配合；但若跌破下限水準時，就不須高成交量的增加。

圖60-1　矩型／向上突破的範例。

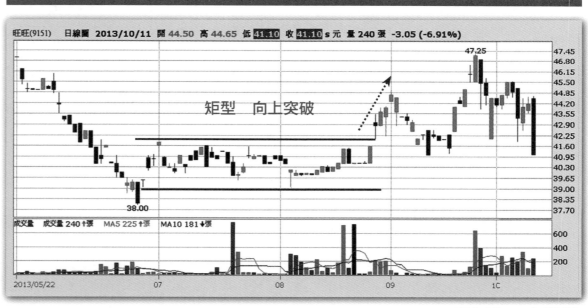

（圖片來源：XQ全球贏家）

❷矩形呈現突破後,股價經常出現反彈,這種情形通常會在突破後的三天至三星期內出現。反彈將止於頂線水準之上,往下跌破後的假性回升,將受阻於底線水準之下。

❸一個高、低波幅較大的矩形,較一個狹窄而長的矩形型態更具威力。

圖60-2　矩型/向下跌破的範例。

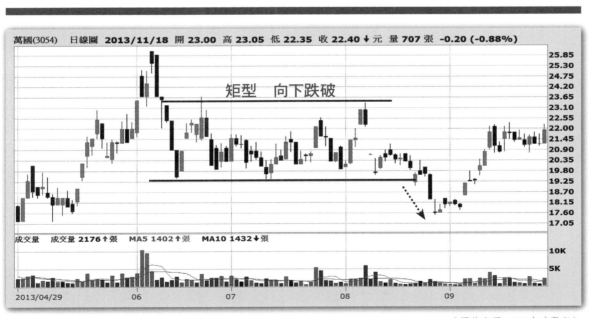

（圖片來源:XQ全球贏家）

Key Word *61*
旗型（整理型態）

　　旗形走勢的型態就像掛在旗桿頂上的旗幟，這型態通常在急速而又大幅的市場波動中出現，股價經過一連串緊密的短期波動後，形成一個稍微與原來趨勢呈相反方向傾斜的長方形，這就是旗形走勢。旗形走勢又可分作上升旗形和下降旗形。

　　上升旗形的形成過程是：股價經過陡峭的飆升後，接著形成一個緊密，狹窄和稍微向下傾斜的價格密集區域，把這密集區域的高點和低點分別連接起來，就可以劃出二條平行而又下傾的直線，這就是上升旗形。

　　下降旗形則剛剛相反，當股價出現急速或垂直的下跌後，接著形成一個波動狹窄而又緊密，稍微上傾的價格密集區域，像是一條上升通道，這就是下降旗形。

　　成交量在旗形形成過程中，是顯著地漸次遞減的。

　　旗型經常出現於急速上升或下降的行情中途，在急速的直線上升中，成交量逐漸增加，最後達到一個短期最高記錄，早先持有股票者，已困獲利而賣出，上升趨勢亦遇到大的壓力，股價開始小幅下跌，形成旗形。不過大部分投資者對後市依然

充滿信心，所以下跌的速度不快，幅度也十分輕微，成交量不斷減少，反映出市場的賣出力量在下跌中不斷地減輕。經過呈段時間整理，到了旗型末端股價突然上升，成交量亦大增，而且幾乎形成一條直線。股價又像形成旗形時移動速度一樣急速上升。這是上升形成的旗形。

下跌時形成的旗形，形狀為上升時圖形的倒置，在急速直線下降中，成交量增加達到一個高點，然後有支撐反彈，不過反彈幅度不大，成交量減少，股價小幅上升，形成旗形，經過一段時間整理，到達旗形末端，突然下跌成交量大增，續跌。

以上分析可見，旗形是個整理形態。即型態完成後股價將繼續原來的趨勢方向移動，上升旗形將有向上突破，而下降旗形則是往下跌破，上升旗形大部分在牛市第三期中出現，因此形態暗示升市可能進入尾聲階段。下降旗形大多在熊市第一期出現，這型態顯示大市（或介）可能作垂直式的下跌。因此這階段中形成的旗形十分細小，可能在三，四個交易日內經已完成，如果在熊市第三期中出現，旗形形成的時間需要較長，而且跌破後只作有限度的下跌。

旗形型態可量度出最少升/跌幅。其量度的方法是突破旗形（上升旗形和下降旗形相同）後最少升/跌幅度，相等於整支旗桿的長度。至於旗桿的長度是形成旗桿的突破點開始，直到旗形的頂點為止。旗形走勢有幾個要點：

❶須在急速上升或下跌後出現，成交量必須在形成形態期間不斷地顯著減少。

❷當上升旗形往上突破時，必須要有成交量激增的配合；當下降旗形向下跌破時，成交也是大量增加的。

❸在型態形成中，若股價趨勢形成旗形而其成交量為不規則或很多又非漸次減少的情況時，下一步將是很快的反轉，而不是整理。即上升旗形往下突破而下降旗形則是向上升破。換言之，高成交量的旗形型態市況可能出現逆轉，而不是個整理型態。因此，成交量的變化在旗形走勢中是十分重要的，它是觀察和判斷形態真偽的唯一方法。

❹股價應在四周內向預定的方向突破，超出三周時，應特別小心。

圖61-1

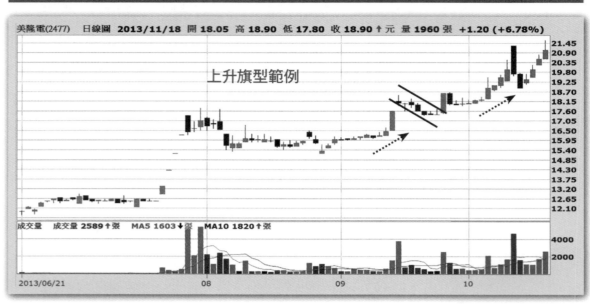

上升旗型範例

（圖片來源：XQ全球贏家）

圖61-2

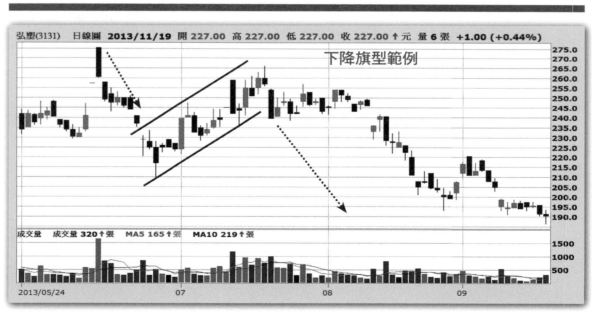

下降旗型範例

（圖片來源：XQ全球贏家）

Key Word 62
島型（整理型態）

　　股價上升一段時間後，忽然出現跳空上漲缺口，然後再一個跳空下跌缺口，股價就出現反轉。它的高點、低點都像是一個孤島，這就形成了「島型反轉」。在形成島型期間，成交量非常大，股價在下跌時形成的島型形狀也是一樣。股價不斷的上升，使原來想買進的沒法在預期的價位買到，持續的漲勢也讓投資人終於忍不住不計價地搶進，於是形成一個上漲的跳空缺口。但股價在高檔的區域中明顯出現了壓力，經過一段短時間的支撐之後，股價終於沒法繼續停留在高價位而下跌了。島型經常在長期或中期性趨勢的頂部或底部出現。當股價漲的時候，島型明顯形成，這是賣出訊號；相反的，如果下跌時出現這型態，反而是一個買進訊號。

❶島型前出現的缺口為竭盡缺口，其後反方向移動中出現缺口為突破性缺口。

❷這兩個缺口會在很短時間內先後出現，最短的時間可能只有一個交易日，也可能長達數天到幾個星期左右。

❸以竭盡缺口開始，突破性缺口結束，即以缺口填補缺口，缺口被填補。

圖62-1　由下跌到上漲的島型範例

（圖片來源：XQ全球贏家）

圖62-2　由上漲到下跌的島型範例

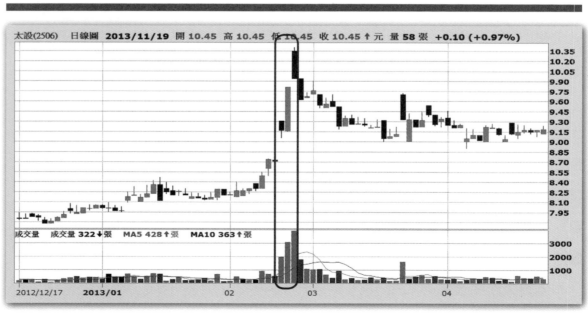

（圖片來源：XQ全球贏家）

Key Word *63*
碟型（整理形態）

　　碟型的股價與成交量變動情形和圓形反轉型態差不多，標準的碟型是以一連串一個以上的圓形底的型態出現，後一個的平均價格要比前一個高，每一個碟型的尾部價格，要比開始時高出一些。有時候這種型態，又被稱為「湯匙向左揹」。

　　碟型代表著上升的意義，不過上升的步伐穩健而緩慢，股價每當升勢轉急時，便馬上遭受回吐的壓力，但回吐的壓力不強，當成交量減少到一個低點時，另一次上升又開始。股價就是這樣反復地移升上去。這型態告訴我們：

❶這是一個上升型態，每一個圓形的底部都是一個理想的買進點。

❷當碟形走勢肯定時，股價波動形式將持續，直到圖表上出現其他型態為止。

　　碟型的走勢有幾個要點：

❶盤型整理型態向上變動時，其價差通常從左端到右端增加10－15％，從碟型的右端到底部的價差約為20—30％，形成一個碟形所需的時間往往在5－7周之間，很少短於3周，因此整個上升過程顯得穩健而緩慢。

❷從該型態的成交量可見，大部分投資者都在股價上升時購入（因此成交量大增）；但當股價下跌時，他們卻又畏縮不前（因此圓形底成交減少）。其實，當分析者在圖表上檢視出這形態時，應該在成交量最低沉時跟進，因碟型總是在升勢開始轉急時下跌 。圖63-1和圖63-2都是「湯匙向左搯」的「碟型」範例。

圖63-1　碟型範例之一。

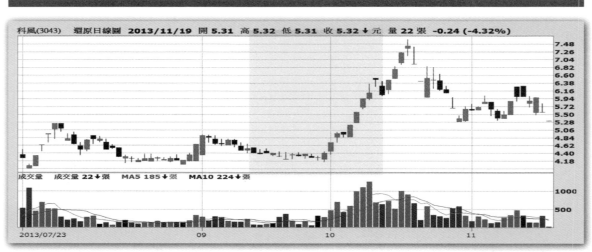

圖63-2　碟型範例之二。

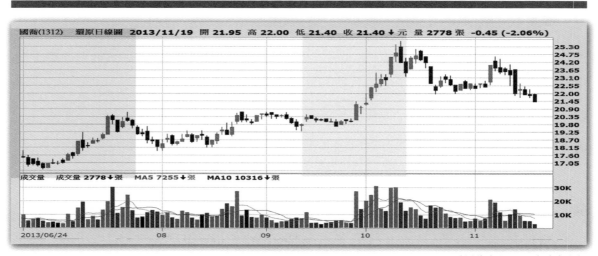

Key Word *64*
缺口

　　不論大盤或個股的日線圖、週線圖或月線圖，K線缺口理論都是判斷股價強弱指標，值得深究。所謂缺口，就是一段沒有交易的價格區間。而形成這種無交易價格區段的原因有很多種，有些是市場環境因素，有些則與市場的供需強弱度有關。所謂「市場的供需」，其實正是「買賣的強弱」指標。

　　一般來說，「缺口」可分為普通缺口、持續缺口、突破缺口及竭盡缺口四大類，其中普通缺口及突破缺口與價格型態有關，而持續缺口及竭盡缺口則與價格趨勢的長短有關。從趨勢的角度來看，突破缺口為大盤或個股走勢的起點，持續缺口顯示趨勢的持續性，而竭盡缺口則代表了趨勢的宣告停頓或結束。

缺口的分類

　　按照缺口位置不同，將普通缺口、持續缺口、突破缺口和竭盡缺口分述於下：

一、普通缺口：

普通缺口並無特別的分析意義，一般在幾個交易日內便會完全填補，它的分析價值比較低，只能幫助我們辨認清楚某種型態的形成，一般指在橫盤整理中偶然出現跳空，且很快就被回補，對趨勢研判作用不大，但如果三天內沒有回補，就表示是有效的缺口，象徵短線趨勢形成。這類缺口通常在密集的交易區域中出現，在整理型態中要比在反轉型態時出現的機會大得多，因此許多需要較長時間形成的整理或轉向型態如三角形、矩型等，都可能有這類缺口形成。

圖64-1

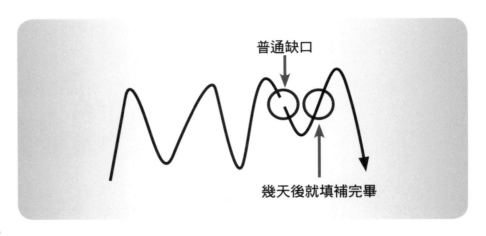

圖64-2

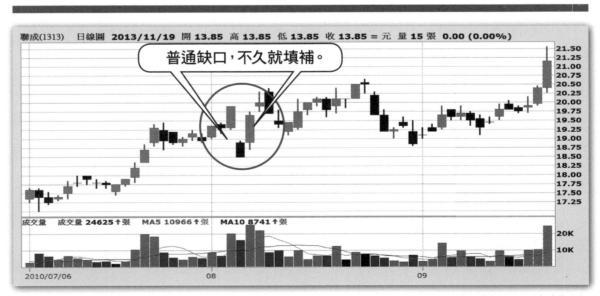

（圖片來源：XQ全球贏家）

二、持續缺口：

在上升或下跌途中出現缺口，延續性很強且具有中繼形態的特徵，也稱「中繼缺口」，具有助漲助跌作用。這種缺口不會和突破缺口混淆，任何離開型態或密集交易區域後的急速上升或下跌，所出現的缺口大多是「持續缺口」。這種缺口有時也可以幫助我們估算未來股價的漲幅或跌幅。

持續缺口的技術分析意義最大，它通常是在股價突破後遠離原來的位置，然後在進行到下一個反轉或整理型態的中途出現，因此持續缺口能大約預測出股價未來可能移動的距離。

測量的方法是從起漲點開始，到持續性缺口的垂直距離，也就是大約一倍的距離。當然，這種說法根據實際的驗證，其中仍有測不準的可能，必須看當時的經濟環境或股市氣氛而有所不同。

一般來說，當出現持續缺口的時候，成交量在初期會變大，然後在上漲中不斷減少，當股價來到「突破缺口」遠離原來的「持續」趨勢時，成交量又會迅速增加，甚至產生「爆量」，這是買賣雙方互相較勁的結果，其中一方得到壓倒性勝利之後造成的，其後又會再開始減少，直到「竭盡缺口」為止。這就是持續性缺口形成時的成交量變化。

圖64-3

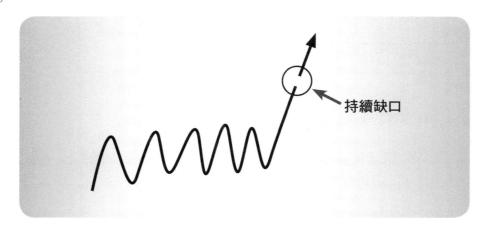

持續缺口

三、突破缺口：

突破缺通常在重要的轉向型態如頭肩式或箱型的K線突破時出現，這種缺口可幫助辨認突破訊號的真偽。

因為當股價突破支撐線或壓力線後，會以一個很大的缺口跳離此一箱型，它的突破是非常強的。由於股價經過長時間築底或築頂整理之後，積累作多和作空能量，有一天突然爆發，股價開始啟動上漲或下跌，而造成了這種缺口。突破缺口顯示的是行情才剛剛起步，後勢還有一段較長的演變過程。

也就是說，這是當一個密集的反轉或整理型態完成後，突破盤局時產生的缺口。當股價以一個很大的缺口跳空遠離原來的位置時，這表示真正的突破已經形成了。因為一般的移動很少會產生缺口，只有當供需的買賣力量產生了差距，賣力已經衰竭而買家被迫要以更高價去追，於是形成這樣的缺口。突破的缺口越大，表示未來的變動會越強烈。 下圖為箱型走勢之後的「突破缺口」，顯示的是行情才準備上漲，其後將有一大段漲幅。

圖64-4

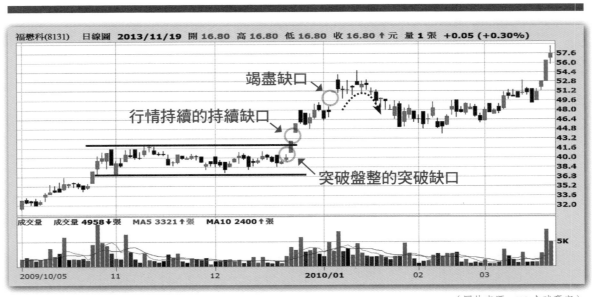

（圖片來源：XQ全球贏家）

假如缺口發生前有大的交易量，而缺口發生後成交量卻相對的減少，則有一半的可能不久缺口將被封閉，若缺口發生後成交量並未隨著股價的遠離缺口而減少，反而加大，則短期內缺口將不會被封閉。

圖64-5

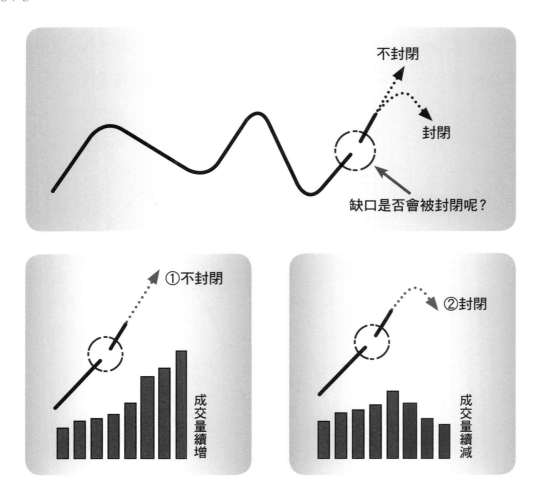

四、竭盡缺口：

　　和持續性缺口一樣，竭盡缺口是伴隨著股價迅速的、大幅的變化而出現。

　　在急速的上升或下跌中，股價的波動並非是慢慢地出現壓力，而是越來越快、越來越猛。這時價格的急漲或急跌會立刻產生，這種缺口就是竭盡缺口。它所顯示的是：作多或作空的動能都已過度消耗、股價發生過熱或太弱的跡象，行情可能將

見頂或見底。

竭盡缺口的出現，表示股價的趨勢將暫告一段落。

如果在上漲途中，即表示快要下跌；若在下跌趨勢中出現，就表示即將回升。當股市的購買力（或賣出力）已經消耗殆盡，於是股價很快便告下跌（或回升）。

在缺口發生的當天或後一天成交量可能會比較大，而且趨勢的未來似乎無法隨成交量而有大幅的變動，這就可能是竭盡缺口，假如在缺口出現的後一天其收盤價停在缺口的邊緣，形成了一天行情的反轉時，就更可確定這是竭盡缺口了。

圖64-6

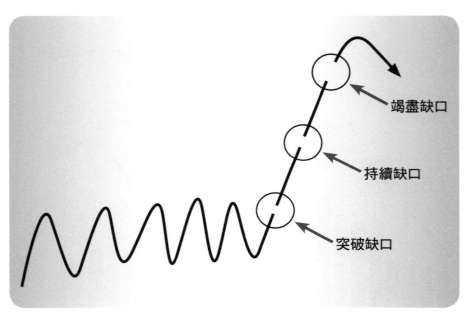

缺口的進一步說明

❶ 一般來說，缺口都會填補。因為缺口是一段沒有成交的真空區域，反映出投資人當時的衝動行為，當投資人情緒平靜下來時，會反省過去的買賣行為有些過分，於是在調整投資步伐之後，K線圖形的「缺口」便呈現補回的現象。然而，並不是所有類型的缺口都會填補，例如突破缺口、持續缺口就不一定會填補，至少不會馬上填補；只有「竭盡缺口」和「普通缺口」，才可能在短期內補回。

❷在突破缺口出現後，會不會馬上填補呢？我們可以從成交量的變化中觀察出來。如果在突破缺口出現之前有大量成交，而缺口出現後成交量相對減少，那麼迅速填補缺口的機會只有一半；如果缺口形成之後，成交大量增加，股價在繼續上漲或下跌時仍保持大量成交，那麼缺口短期填補的可能就很低了。

❸股價在突破箱型位置時急速上漲，成交量在初期很大，然後在上升中不斷減少，當股價停止原來的趨勢時，成交量又會迅速增加，這是買賣雙方互相較勁的結果，其中一方得到壓倒性勝利後，便形成巨大的缺口，這時候又再開始減少。這就是持續缺口形成時的成交量變化。過程中，當出現比之前大的缺口時應小心。

圖64-7　在這個圖形走勢中，突破缺口會發生在持續缺口之前。

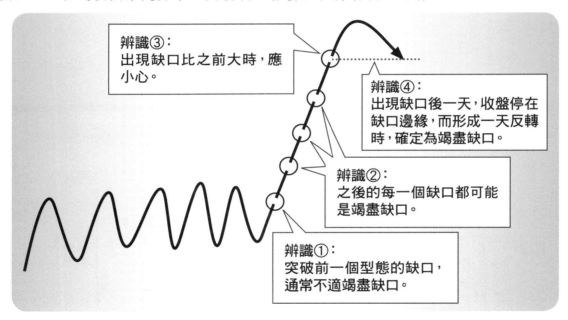

辨識③：
出現缺口比之前大時，應小心。

辨識④：
出現缺口後一天，收盤停在缺口邊緣，而形成一天反轉時，確定為竭盡缺口。

辨識②：
之後的每一個缺口都可能是竭盡缺口。

辨識①：
突破前一個型態的缺口，通常不適竭盡缺口。

❹竭盡缺口通常是形成缺口時的第一天或最後一天成交量最高（但也有可能在這一天的翌日出現），接著成交量減少，顯示市場購買力（或賣出力）經已經消耗殆盡，於是股價很快便告下跌 （或回升）。在一次上升或下跌的過程裡，缺口出現愈多，顯示其趨勢愈快接近終結。基本上，出現缺口後一天，收盤停在缺口邊緣，而形成一日反轉時，就可確定為「竭盡缺口」！

在此必須進一步說明的是，一般的情況下，在行情演變的過程先後會出現普通缺口、突破缺口、持續缺口，最後才是竭盡缺口。

　　而事實上，普通缺口會出現在任何行情的任何階段，且在實際投資過程中，所有的缺口並不會按照以上所說的一、二、三、四順序出現。

　　如例圖中，**突破缺口有時出現在持續缺口之前，有時出現在持續缺口之後，並不一定。此外，看K線的缺口變化，也要同時參考均線、價量關係的變化，然後才能下定結論。**

圖64-8

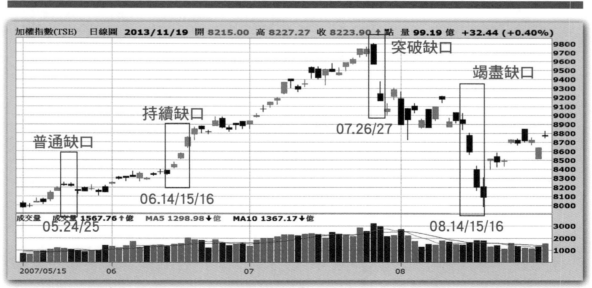

註：2007年7月26日及27日這兩天的「突破缺口」，是屬於下跌的突破缺口，顯示的是行情才剛剛開始下跌，其後將會有一大段下跌行情。在這個圖形走勢中，突破缺口便發生在持續缺口之後。

（圖片來源：XQ全球贏家）

PART 4

人氣度關鍵字
量價關係×15個

市場，
人氣最重要，
熱絡的市場才能創造熱絡的價格，
專家，
無一不是量價分析高手。

Key Word 65
成交量

　　成交量（volume），是一段期間內股票的「總成交金額」或「總成交股數」。

　　長久以來，成交量就一直被視為判斷多空的指標。因為主力可以製造「騙線」，財務預測以及月、季報表等資訊也可以造假，懂得技術分析的主力難道就沒有能破解這種伎倆的方法嗎？從什麼地方著手呢？

　　就從「成交量」著手。

　　「作手」儘管可以運用籌碼與技巧製造「騙線」，但卻不太可能去假造高成交量，這是因為必須動用到大量的股票和現金，同時還要負擔手續費和證交稅。

　　所以說，股票成交量是最真實的股價參考指標，在從事技術分析的時候，必須參酌成交量與價格之間的關係，才能得心應手，不會被圖表所蒙蔽。

　　我們看看圖63-1，車王電（1533）在2013年9月中旬，有一段日子成交量一直在放大中，它的股價也是有一波大漲的機會。這就是成交量的力量！成交量就像火車的媒炭燃料，有了它，火車才能帶動乘客到遠方。

圖65-1　車王電（1533）2013年9月中旬，成交量一直在放大，股價也隨之大漲。

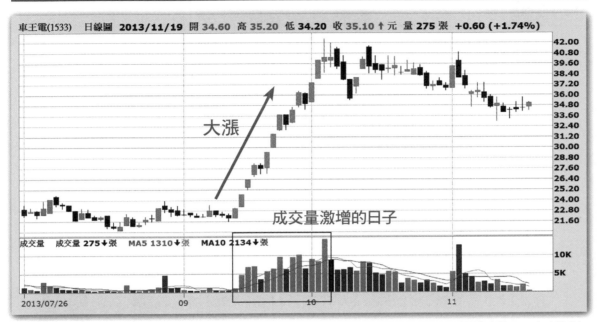

（圖片來源：XQ全球贏家）

Key Word 66
價量關係

　　股市是由人氣堆積起來，人氣的凝聚與消散最足以代表股市的榮枯；而成交量值的擴大與萎縮，正代表了人氣的凝聚與消散。所以，成交量值可說是股市溫度計，也有人把成交量值看成股市的人氣指標。

　　股市裡所說的「價」與「量」，以個股來說，其中「價」指的是股價，而「量」指的是成交的張數；以大盤來說，「價」指的是加權股價指標，而「量」指的是成交總值。

　　個股「價量關係」，簡單地說有兩種，就是：「價量配合」和「價量背離」。

　　價量關係可分為九種狀況：

一、價漲量增。　　　四、價平量增。　　　七、價跌量增。
二、價漲量平。　　　五、價平量平。　　　八、價跌量平。
三、價漲量縮。　　　六、價平量縮。　　　九、價跌量縮。

Key Word 67
價量定律

一、量先價行：

漲跌，代表投資人認同趨勢，故若無投資人認同搶進，漲勢不會持久，同樣，當價格持續上漲至高檔，獲利了結者紛紛出場，如果沒有一定數量的投資人看好後市，進場承接，化解賣壓，股價必然下挫，所以，股價漲升的基礎在於高成交量。

二、成交量是判斷多空的指標

底部是否形成，須看右底成交量是否大於左底，也就是一底比一底大量，反彈後，如成交量一波比一波高則可視為多頭趨勢。判定頭部須看成交量否逐漸替減。大盤發展中，成交量如越來越低表示空頭趨勢，如成交量穩定放大則為多頭趨勢。

三、量價配合，多頭持久

成交量大，表示市場需求面旺盛，股價隨著上升，是極合理的事情。

四、量價背離，情勢逆轉

成交量不大股價卻上漲，或成交量雖大價格卻挫跌，這都是即將反轉的訊號。

Key Word *68*
價量配合

　　當某一檔股票的股價在向上攻堅時，成交量會隨著逐漸擴大；而股價盤整或下跌時，成交量也應當跟著逐漸萎縮才對，這種情況就是「價量配合」。

　　例如2013年11月18日「美律」（代號：2439），在當天的的向上攻勢中，每當放量上攻時，股價就跟著上揚；在上午10時9分53秒首度站上漲停板，從此就沒再被打開。

　　在鎖上漲停板之後，量立刻縮了。這表示惜售。

　　在「美律」漲停板之前的表現，我們可以看出，它有三次放量上攻，股價就上一層樓，在盤整時，量也跟著縮小，類似「美律」這樣的走勢，就叫做「價量配合」。

　　價量配合得宜的股票，後市看好。

　　反之，價量背離的股票，後市看壞。

圖68-1

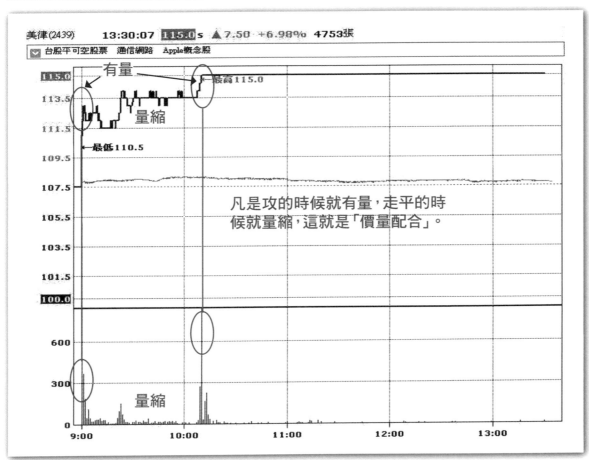

美律(2439)　13:30:07 [115.0] s ▲7.50 +6.98% 4753張

台股平可空股票　通信網路　Apple概念股

有量

最高115.0

量縮

←最低110.5

凡是攻的時候就有量，走平的時
候就量縮，這就是「價量配合」。

量縮

9:00　10:00　11:00　12:00　13:00

（圖片來源：XQ全球贏家）

Key Word *69*
價量背離

　　當某一檔股票的成交量很大時，股價理當跟著上漲才對，可是它偏偏不漲，甚至還跌，這就是異常了，我們把這種「價量（股價和成交量）配合不良」的情況，叫做「價量背離」。

　　例如以下是2013年10月11日「緯創」（代號：3231）的分時走勢圖。在當天的走勢中，我們可以看出，每當「緯創」量放出來時，股價不但沒有往上走，反而是向下滑下，這就是「價量背離」。

　　價量背離的股票，意味著後市看壞。我們看「緯創」在這一天的走勢，由於價量背離的結果，到了尾盤，股價更用力下殺了！

　　「量大不漲，股票要回頭。」這句名言，應是價量背離最好的寫照。

圖69-1

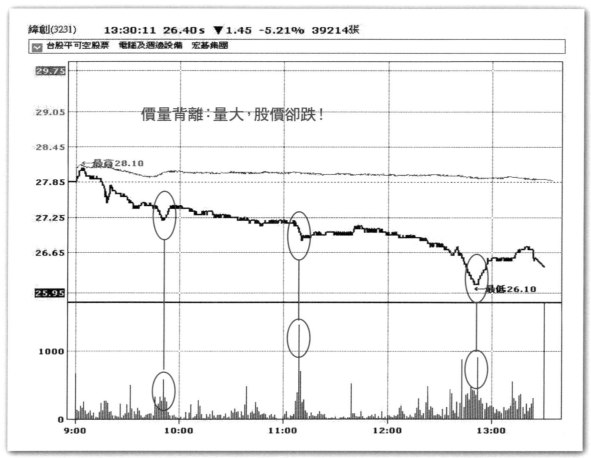

（圖片來源：XQ全球贏家）

Key Word *70*
價漲量增

　　價漲量增表示投資人追價意願強勁。如果股價位於漲勢的初期，則可能會出現一波漲幅。一般我們常聽到的「低檔放量」就是指漲勢初期「量增價揚」的情形。不過，經過了一段期間的「量增價揚」之後，出現成交量大幅放大時，就比較複雜了。一定要小心這時「量增價揚」的情形，是否有主力藉以「滾量出貨」的可能。一般來說，成交量較前一個營業日放大1.5倍以上，也不成問題。因為高點之後，還可能有更高點。但是，有一個最容易辨別的方法是同一天內的行情，股價已來到漲停板了，量仍不斷地放出來。這就是「量大不漲、股票要回頭」的徵兆了。

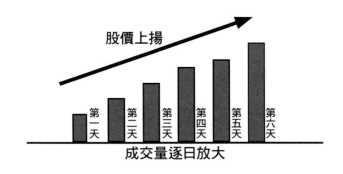

Key Word *71*
價漲量平

　　價漲量平，是說股價雖然是漲的，但是成交量卻始終是平平的，無法有效擴增。這表示賣壓並不大，所以股價容易上去；但是買進的人也不多，所以股價上升歸上升，仍無法吸引更多的買氣進場。久而久之，這種缺乏動能的漲勢就無法延續下去。因此，若股票位於漲勢初期，投資人觀望即可，用不著急於進場；同時，如果股價已經漲了一段時間，則可能是頭部出現前的訊號，更不宜貿然介入。因為成交量持平，股價仍上漲，代表買氣出現停滯，趨勢出現反轉向下的可能性極大。

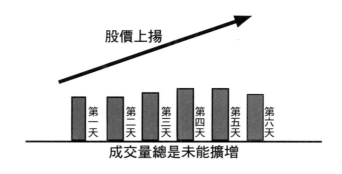

Key Word 72
價漲量縮

　　價漲量縮的情形與價漲量增剛好相反，後者是「價量俱揚」的格局，而前者卻是價量並不同步。價漲量縮，表示價格雖然上揚，但追價買氣已經減弱，股價後市通常有下跌的壓力。但是，另外有一種「價漲量縮」卻不那樣悲觀，而是由於惜售（有股票的人不肯賣，沒股票的人搶著買）。這檔股票已經發飆了！尤其是當天股價漲停鎖住，造成買方買不到股票而形成的成交量萎縮，顯示買方搶進股票仍然相當積極，後市通常都會持續上漲。至於天天跳空漲停的股票，基本上都是會量縮的，直到量暴增才結束「飆漲」！

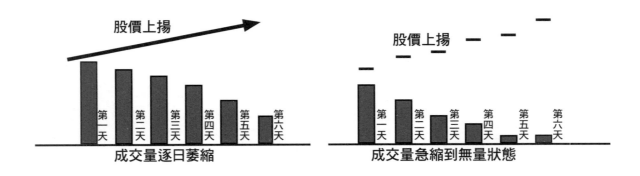

Key Word 73
價平量增

　　股價平平，沒漲也沒跌，而量能較不斷地在放大中。這是什麼意思呢？

　　這表示量能增加，股價卻沒有因此上漲，必有背後的魔手在操縱，才會如此不上不下。我們要解讀其中的意涵，必須先審視一下這檔股票的位置。如果這一檔股票是在漲勢的初期，則很可能是主力大戶在低檔吸納籌碼。他怕股價一拉高就吃不到低價的籌碼了。所以，他必須控制股價在一定的範圍內，保持低檔的成本，以便利「進貨」。

　　如果某一檔股票已經是在下跌一段時間之後，呈現這種「價平量增」的現象，則可能是這檔股票即將「止跌回穩」的徵兆，這可視為一種買進的訊號。

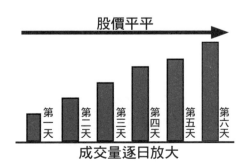

Key Word *74*
價平量平

　　當多空拉鋸使指標空間縮小的時候，一般都認為這是「最難做」的模式。尤其當市場多空消息紛陳，且盤面上缺乏強勢股領軍，使得多方不敢過度追高、空方也未有大動作，雙雙轉趨保守，連帶造成走勢陷入僵局。這種模式一出現，就呈現出個股連帶的也陷入盤整。多空都未能表態時，個股多半呈現「價平量平」的現象。

　　此時的操作策略，最好就是選擇「觀望」。所謂「敵不動，我不動」正是此一兵法的最佳對策。

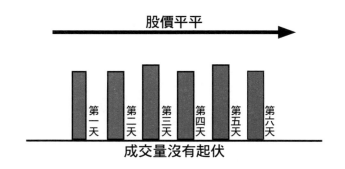

Key Word 75
價平量縮

　　價平量縮，意指股價沒漲也沒跌，可是成交量卻一天天地萎縮下來了。這究竟是一種好現象，還是不好的徵兆呢？仍然要看股票所處的位置而定。

　　價平，如果是出現在股價上漲一段時間之後，股票的成交量萎縮表示追價意願薄弱，很可能是這一檔股票的高點已經出現了，最好是逢高出脫持股；但是，如果這檔股票的成交量萎縮，是出現在股價下跌一段時間之後，則可能是大多數投資人不願意殺低持股所致，那麼這就意味著底部即將形成，就像「鍋底法」一樣，股價已經跌無可跌，隨時都是往上的機會，所以可視為買進訊號。

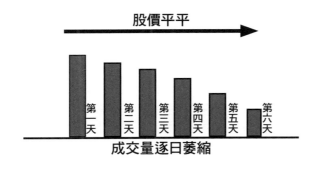

Key Word *76*
價跌量增

　　價跌量增，是指某一檔股票處於下跌的走勢，儘管它的價格一直在跌，而成交量卻一直在增加中。這種情況可以有兩種解讀法：一種是「這檔股票要大回檔了」！另一種是「這檔股票要止跌了！」為何會出現如此懸殊的不同呢？原因就在於該檔股票所處的位置，這是關鍵。如果股票是出現在跌勢初期，就表示「殺盤的力度加大了」，大多數的投資人急著殺出手中持股，說明該檔股票的後市並不樂觀，同時會有持續下跌的大壓力，換句話說，它就是宣告「這檔股票要大回檔了」！你必須在第一時間立刻退場觀望，才不會繼續受到傷害。

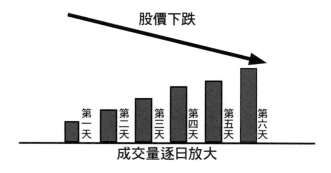

如果股票是已經下跌一段時間了，才出現「量能大幅增加」的情形，則可能是主力開始進貨。在下跌的情況下，一般散戶是不敢買股票的，所以必然「量」不大；而主力資金多、敢於進貨，所以「量增」的現象便出現了。同時，由於仍在下跌的處境，所以股價暫時還踩不了煞車，所以「價跌」。既然主力已經進場，這檔股票就有股價回升的機會，你不妨逢低建立基本持股，跟進主力。

Key Word *77*
價跌量平

　　當一檔股票在下跌的狀態時，投資人只有期待成交量的變化才有救。要麼，就是量縮；要麼，就是有量。處於跌勢的投資人正如被綁赴刑場，總是渴望落得一個痛快的「好死」！而所謂「價跌量平」卻是股價在跌勢中，偏偏成交量既不縮小，也不放大，這讓等待快點結束下跌狀態的投資人非常不舒服。

　　「價跌量平」的圖形一旦出現，就顯示市場多空雙方都沒有買進或出貨的意願，彼此都非常不乾脆，後市通常陷入盤整的僵局或是持續下跌。這是一種最需要耐性「觀望」、「等待」的線型。

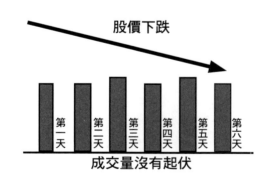

股價下跌

第一天　第二天　第三天　第四天　第五天　第六天

成交量沒有起伏

Key Word *78*
價跌量縮

　　價跌量縮，指某一檔股票雖然價格一直在跌，但量已經出現萎縮的情況了。

　　首先，我們必須先觀察一下目前這一檔股票的歷史位置。看看前一些交易日，是否曾經大漲過？如果已經大漲過了，那麼此刻就是高點。在高點之後的下跌，我們還必須知道已經下跌多久了。價跌的狀態，如果股價是出現在高點，則後勢可能持續下跌，如果股價已經下跌一段時間，則可能是投資人惜售，可視為底部出現前的訊號，可擇機進場佈局。

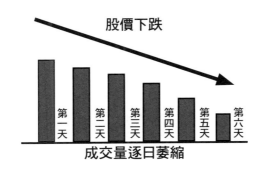

至於某一檔股票經過量縮之後，究竟已經止跌了嗎？多久之後才止跌？這就需要對股性有所瞭解。有些飆股在大漲之後的下跌，可能只需量縮一天就繼續往上拉了，有些大牛股卻非常溫吞，縱然量縮七、八天了，還似乎無法止跌。所以，如何看待，很難一概而論，而這正考驗著投資人的看盤功力！

Key Word *79*
○╳圖

　　○╳圖，原名為Point and figure chart，簡稱為「Ｐ＆Ｆ圖」。

　　○與╳是圖中使用的符號，用來表示股價的漲跌，原理很簡單，與昨天收盤價比較，今天收盤價如上漲，就用x來表示，今天若下跌，就用o來表示。

　　○╳圖反映著一定期間內多空搏鬥的力道消長及漲跌累積幅度，所以可以用來分析多空趨勢，也可以顯示個股股價的變動走向。

技術分析者可用○╳圖來尋找股票價格主要變化方向的趨勢和軌跡，如果不考慮時間因素，就能夠確定供求的力量，並且能通過○╳圖來判斷支持股價的力量何在，威脅股價的股票供給源出自何處。這兩種力量通常被解釋為阻止及支持水準。

　　繪畫○╳圖，設定每一方格的代表值十分重要，它直接支配○╳圖在將來是否能發揮其測市功能。因此要適當地設定「每格代表值」及多少格升跌才開始「轉行」。「格值」增大即代表波幅較小的環節不予理會。○╳圖有以下四點意義：

❶表現多空強弱的變化，很容易指出其突破點。許多在Ｋ線圖上的表現不很明顯的，均可在圖上明顯表現。

❷可以觀察中長期大勢與個別股票價格變動方向。

❸**○╳圖可令你在股市中保持冷靜，而不被突變的市況所因擾。**

❹○╳圖由於忽略了成交量與時間因素，因此大打折扣。

　　通過○╳圖可從眾多股票價格波動形態中尋求最佳的型態組合，以預測後市的轉向。

圖69-1　　上圖為○╳圖的模式。

台積電(2330)　日線圖　2013/11/19　開 104.50　高 105.00　低 104.00　收 104.50 ↑元　量 13267 張　+0.50 (+0.48%)

（圖片來源：XQ全球贏家）

進階密技

方天龍秘笈

PART 5

進出時機關鍵字
技術指標×22個

診斷股價，
一面靠經驗，
一面也要靠科學，
善用股價技術指標，
讓投資人輕鬆獲利。

Key Word *80*
移動平均線（MA）

移動平均線（Moving Average）是由葛蘭碧（Granvile Joseph）在1960年所發明。

顧名思義，移動平均線是用統計處理的方式，將一定期間的股票價格加以平均，然後畫出一條移動平均線，用以觀察股價趨勢。移動平均線通常使用有5日、10日、20日、60日、120日、240日、4周、13周、26周、52周、3月、6月、12月、24月等等，不一而足，其目的在取得某一段期間的平均成本，而以此平均成本的移動曲線配合每日收盤價的變化，分析某一期間多空的優劣形勢，以研判股價的可能變化。

如果一檔股票目前的價格在移動平均線之上，意味著市場買力（需求）較大，行情看好；相反的，如果它的價格在移動平均線之下，則意味著供過於求，賣壓顯然較重，行情不會太好。

我們以十日移動平均線為例。將第1日至第10日的10個收盤價，累計加起來後

的總和除以10，得到第一個10日平均價，再將第2日至第11日收盤價和除以10，則為第二個10日平均價，這些平均價的連線，即成為10日移動平均線。

移動平均的期間長短關係其敏感度，期間愈短敏感度愈高，一般股價分析者，通常以5日、10日移動平均線觀察短期走勢，以10日、20日移動平均線觀察中短期走勢；以30日、72日移動平均線，觀察中期走勢；以13周、26周移動平均線，研判長期趨勢。**西方投資機構非常看重200天長期移動平均線，台灣則大部份以240天為標準，**行情價格如果在長期移動平均線下，屬於空頭市場；相反的，如果行情價格在長期移動平均線之上，就是多頭市場。

移動平均線的分析方法：

❶當移動平均線由下降逐漸走平而股價自平均線的下方向上突破是買進訊號。**當股價在移動平均之下時，表示買方需求太低，以致於股價大大低於移動平均線，這種短期的下降給往後的反彈提供了機會。這種情況下，一旦股價回升，便是買進訊號。**

❷當股價在移動平均線之上產生下跌的情況，如果剛跌到移動平均之下而醞釀開始反彈時，如果股價的位置還不是很高，而且賣壓也並不太大，就會是一種買進訊號；如果先前股價的漲幅已大，那就不一定是買進訊號了。這樣的圖表型態只能作參考之用。

❸當移動平均線處於漲勢，不料股價卻突然下跌，但還沒有跌到移動平均線之下，接著就又立即反彈，這裡也是一種買進訊號。在股價的上漲期間，常常會出現價格的暫時下跌，但每次下跌的幅度都一波比一波縮小。這時該如何應對呢？那就看看股價的位置，是處於上漲的初期，還是晚期。一般來說，在股價上漲的初期，買進獲利的機會比較大。

❹股價趨勢線在平均線下方變動加速下跌，遠離平均線，為買進時機，因為這是超賣現象，股價不久將重回平均線附近。

❺平均線走勢從上升趨勢逐漸轉變為盤局，當股價從平均線上方向下突破平均線時，為賣出訊號。股價在移動平均線之上，顯示價格已經相當高，且移動平均線和股價之間的距離很大，那麼，意味著價格可能太高，有回跌的可能。在這種情況下，股價一旦出現下降，即為拋售訊號。不過，如果股價還在繼續上漲，那麼，可採用成本分攤式的買進即隨著價格上漲程度的提高，逐漸減少購買量，以減小風險。

❻移動平均線緩慢下降，股價雖然一度上升，但剛突破移動平均線就開始逆轉向下，這可能是股價下降趨勢中的暫時反彈，價格可能繼續下降，因此是一種賣出訊號。不過，如果股價的下跌程度已相當深，那麼，這種規則就不一定適用，它可能是回升趨勢中的暫時下跌 。因此，投資者應當做仔細的分析。

❼移動平均線處於下降趨勢，股價在下跌過程中曾一度上漲到移動平均線附近，但很快又處於下降狀態，這時是一種賣出訊號。一般來說，在股市的下降過程中，常會出現幾次這種賣出訊號，這是下降趨勢中的價格反彈，是一種短期現象。

❽股價在平均線上方突然暴漲，向上遠離平均線為賣出時機，因此這是超賣現象，股價不久將止漲下跌回到平均線附近。

❾長期移動平均線呈緩慢的上升狀態，而中期移動平均線呈下跌狀態，並與長期平均移動平均線相交。這時，如果股價處於下跌狀態，則可能意味著狂跌階段的到來，這裡是賣出訊號。須要注意的是，在這種狀態下，股價在下跌的過程中有暫時的回檔，否則不會形成長期移動平均線和中期移動平均線的交叉。

長期的移動平均線（一般是26周線）是下降趨勢，中期的移動平均線（一般是13周線）在爬升且速度較快的超越長期移動平均線，那麼，這可能意味著價格的急劇反彈，是一種買進訊號。出現這種情況一般股價仍在下跌的過程中，只不過中期的下跌幅度要低於長期的下跌幅度。

Key Word *81*
黃金交叉

「黃金交叉」有兩種，一種是「均線黃金交叉」，一種是「KD黃金交叉」。

當股價與兩條移動平均線都同樣上升，而相對較短期的移動平均線由下往上突破長期移動平均線，稱為黃金交叉。

但黃金交叉出現時，並不會立即反映在股價上，而是通常會持續盤整一、兩天，然後才開始大幅上揚。但有時也可能經過一週才見到端倪。有些沒有耐性的投資人，往往在賣掉後，股價才呈現暴漲！

要選擇哪兩條移動平均線分析其中的相關性呢？根據經驗，可作這樣的安排：

一、長期操作者，採用六週移動平均線和十三週移動平均線。

二、中期操作者，採用十日移動平均線和三十日移動平均線。

三、短線操作者，採用五日移動平均線和二十日移動平均線。

如緯創（3231）的5日均線（較短天期）在2013年8月29日，穿越過20日均線（較長天期），意味著這檔股票在這天是很好的短線買點。

圖81-1

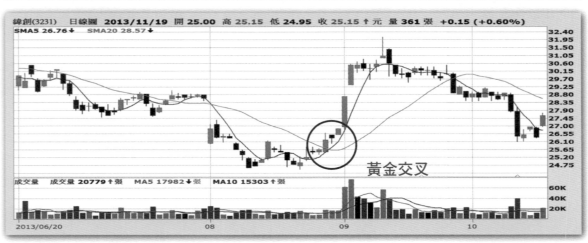

（圖片來源：XQ全球贏家）

　　另外，再舉一個KD值黃金交叉的例子：KD值一般都以9日為取樣的材料，當K9穿過D9，就算形成黃金交叉。2013年8月29日，「昇陽科」（3561）的KD指標就有低檔黃金交叉的情況，那是很好的買進機會。事後證明，果然有一波行情。

圖81-2

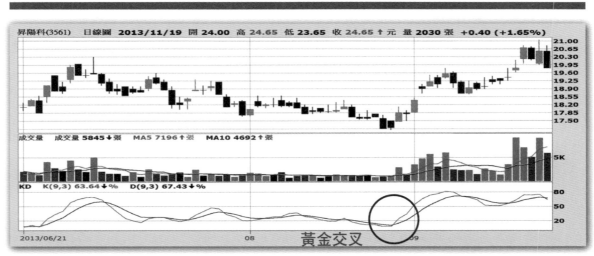

（圖片來源：XQ全球贏家）

Key Word *82*
死亡交叉

一般常見的「死亡交叉」有兩種，一種是「均線死亡交叉」，一種是「KD死亡交叉」。

當股價與兩條移動平均線都呈現下降狀況，且短期的移動平均線由上往下穿越長期移動平均線，稱為「死亡交叉」。

我們常常可以見到，毒藥瓶或戰爭中「敢死隊員」的臂章上都會畫著一個骷髏頭，以死亡的象徵來顯示危險。技術分析所以稱為死亡交叉，就是因為當這種情況出現時，就是賣出的時機；如不賣出，就會有很大的危機，通常會持續盤整一至三天，然後才開始大幅大挫。

至於所選擇的兩條移動平均線，仍然與[黃金交叉]中所述相同。

一、長期操作者，採用六周移動平均線和十三周移動平均線。

二、中期操作者，採用十日移動平均線和三十日移動平均線。

三、短線操作者，採用五日移動平均線和二十日移動平均線。

當黃金交叉和死亡交叉信號明顯時，通常股價已經進行了一段，所以對短線操作者來說，往往有緩不濟急的感覺。也**因此，黃金交叉比較適用於多頭市場，死亡交叉則比較適用於空頭市場。**

舉例來說，請見下圖，2013年7月19日是「中石化」（1314）的大賣點。為什麼呢？因為這一天，「中石化」的KD值已經是「死亡交叉」。

我們從圖形上即知，果然有一大波的殺盤。

如果我們懂得什麼叫做「死亡交叉」，不就可以避開這一大段的損失嗎？

圖82-1

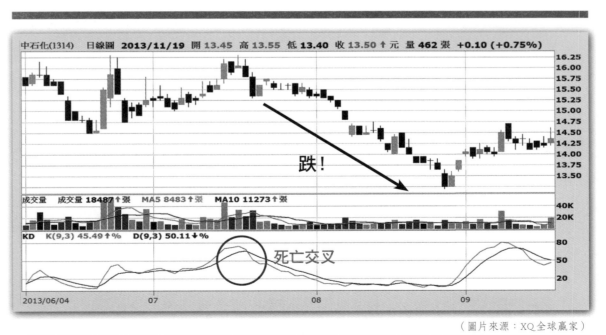

（圖片來源：XQ全球贏家）

Key Word *83*
葛蘭碧之買進四法則

「葛蘭碧八大法則」是美國經濟學家葛蘭碧（Granvile Joseph）研究股價走勢後提出的理論。他在1960年提出著名的移動平均線（Moving Average）理論之後，以K線和移動平均線作為互動基礎，研究出買進或賣出股票的八大法則。

所謂移動平均線，就是以道氏股價理論為基楚，把一定期間的股價加以平均，畫出一條移動線，然後在移動線與股價之間的變化，尋找買進與賣出的時機。

葛蘭碧進出八原則，買進有四個時機：

（一）、移動平均線從下降趨於平穩，且股價從移動平均線下方向上突破時。

圖83-1

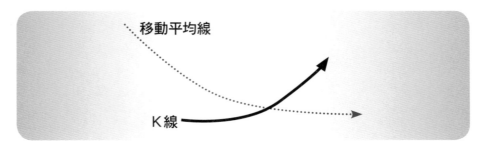

實例：圖中圈圈處，致振（3466）的20日平均線由下降趨勢轉為平穩態勢，這時味全的股價5日平均線也由下往上穿越20日平均，代表股價將會有機會反轉向上。

圖83-2

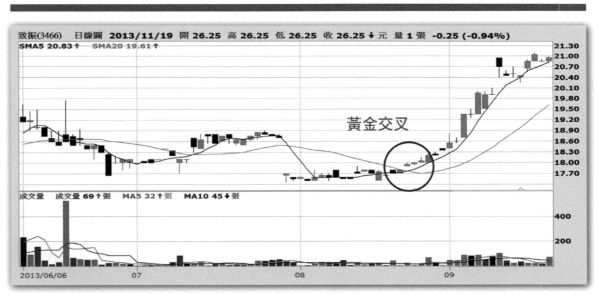

（圖片來源：XQ全球贏家）

（二）、股價處於移動平均線的上方，而後股價下跌，但未跌破移動平均線，就反轉上升時。

圖83-3

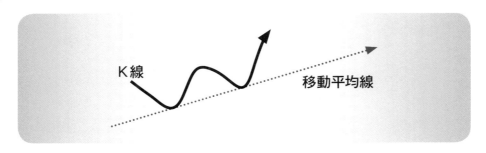

實例：榮群（8034）的股價都是沿著20日平均線上方移動，每次一碰到賣壓使股價K線壓回時，總是能夠在碰到20日均線後，又立刻站上均線，後來果然有了大漲機會。

圖83-4

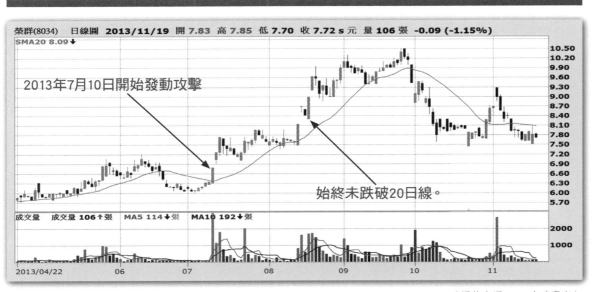

（圖片來源：XQ全球贏家）

（三）、股價處於移動平均線的上方，而後股價下跌，雖然跌破移動平勻線，但很快就又彈升至移動平均線之上，而且移動平均線還呈現上揚之走勢時。

圖83-5

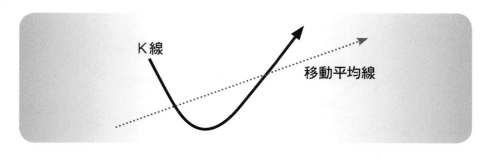

實例：榮成（1909）的股價K線在跌破26週均線之後，又站上均線之上，顯示多方買進的力量仍在，這也是買進時機。

圖83-6

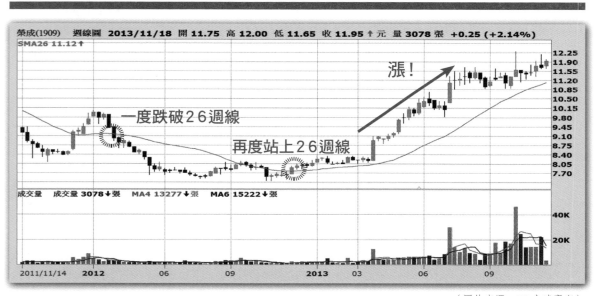

（圖片來源：XQ全球贏家）

（四）、股價與移動平均線均居跌勢，而股價處於移動平均線之下方，突然暴跌，距離移動平均線很遠，乖離過大時。從攤平成本的角度來說，這時也是買進的時機。

圖83-7

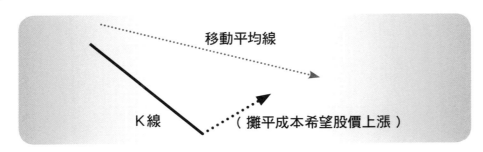

實例：F-金可（8406）的股價K線從2013年8月19日起，出現一波急殺盤，股價從波段高點588元重挫到8月28日的478元，跌幅已深，兩者的短線乖離過大，出現了短線反彈的買進時機。

圖83-8

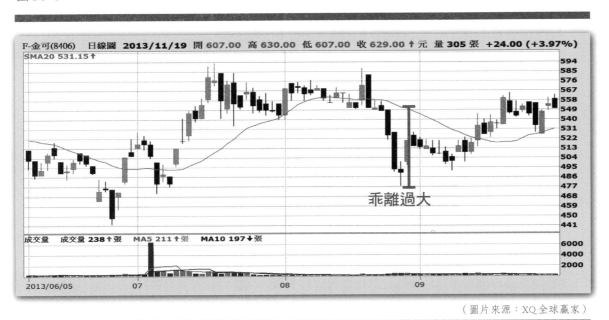

（圖片來源：XQ全球贏家）

Key Word *84*
葛蘭碧之賣出四法則

葛蘭碧進出八原則，買進的有前面的四個時機，賣出有以下的四個時機：

（一）、移動平均線從上升走於平穩或下跌，而且股價K線從移動平均線的上方向下突破時。

圖84-9

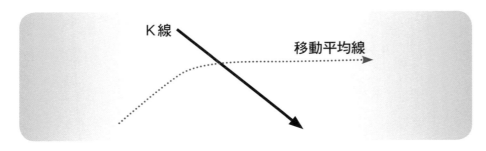

實例：圖81-10中，兆豐金（2886）的股價K線在2013年8月初，由上漲的走勢轉變為震盪往下的走勢。尤其股價K線也跌破了原本上升的20日平均線，顯示賣股票的時機已經來到。

圖84-10

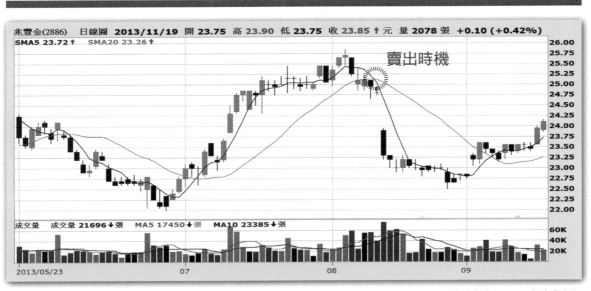

（圖片來源：XQ全球贏家）

（二）、股價處於移動平均線的下方，而後股價上升，但未突破移動平均線，就反轉回跌時。

圖84-11

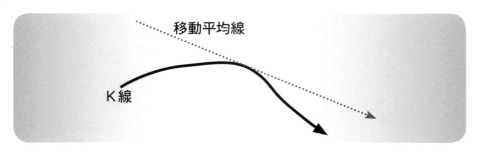

實例：富邦金（代號：2881）的股價Ｋ線在每一次股價一碰觸20日平均線時，股價馬上向下反轉，說明空頭的氣勢仍燄。在葛蘭碧八大法則中是屬於賣出時機。

圖84-12

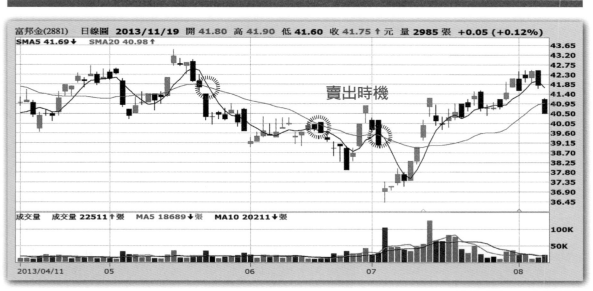

（圖片來源：XQ全球贏家）

（三）、股價處在移動平均線的下方，而後股價上升，雖然突破移動平均線，但很快就又跌回移動平均線之下，而且移動平均線還呈現下挫的走勢時。

圖84-13

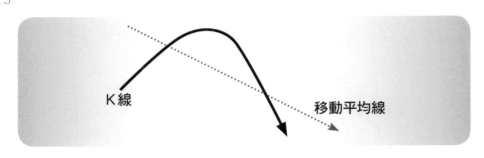

實例：「緯創」（3231）的股價K線，原本5日線突破20日移動平均線，可惜不久又跌破了20日均線。事後印證跌破重要均線都是賣出時機。

圖84-14

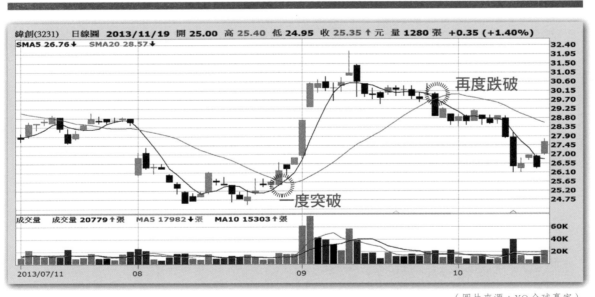

（四）、股價與與移動平均線均處於漲勢，而股價處於移動平均線的上方，突然暴漲，距離移動平均線很遠，乖離過大時。

圖84-15

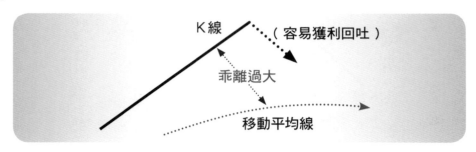

實例：南紡（1440）的股價K線在2013年10月8日，由於連續上漲，並遠離移動平均線，產生乖離過大，於是短多投資人紛紛賣出持股，導致股價下跌修正。事後印證此一情況果然是短線賣出時機。

圖84-16

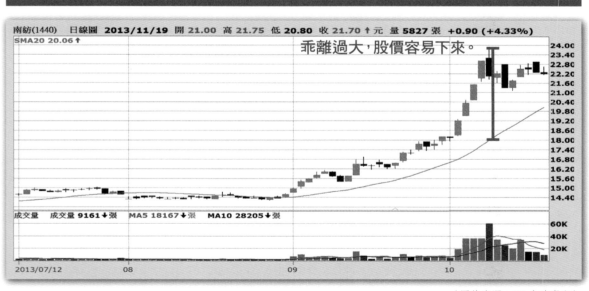

（圖片來源：XQ全球贏家）

Key Word *85*
平滑異同移動平均線（MACD）

　　MACD是根據移動平均線較易掌握趨勢變動的方向之優點所發展出來的，它是利用二條不同速度（一條變動的速率快——短期的移動平均線，另一條較慢——長期的移動平均線）的指標平滑移動平均線來計算二者之間的差離狀況（DIF）作為研判行情的基礎，然後再求取其DIF之9日平滑移動平均線，即MACD線。

　　MACD實際就是運用快速與慢速移動平均線聚合與分離的徵兆，研判買、賣時機和訊號。

一、MACD的基本運用方法

　　MACD在應用上，是以12日為快速移動平均線（12日EMA），而以26日為慢速移動平均線（26日EMA），首先計算出此兩條移動平均線數值，再計算出兩者數值間的差離值，即差離值（DIF）＝12日EMA－26日EMA。然後根據此差離值，計算9日EMA值（即為MACD值）；將DIF與MACD值分別繪出線條，然後依「交錯分析

法」分析，當DIF線向上突破MACD平滑線即為漲勢確認點，也就是買進訊號。反之，當DIF線向下跌破MACD平滑線時，即為跌勢確認點，也就是賣出訊號。

　　MACD理論除了用以確認中期漲勢或跌勢之外，同時也可用來判別短期反轉點。在圖形中，可觀察DIF與MACD兩條線之間長間垂直距離的直線柱狀體（直線棒的演算法很簡單，只要將DIF線減去MACD線即得）。

　　當直線棒由大開始變小，即為賣出訊號，當直線棒由最小（負數的最大）開始變大，即為買進訊號。

　　因此我們可依據直線棒研判短期的反轉點。

　　一般而言，在持續的漲勢中，12日EMA在26日EMA之上，其間的正差離值（＋DIF）會愈來愈大。反之，在跌勢中，差離值可能變負（－DIF），負差離值也愈來愈大，所以當行情開始反轉時，正或負差離值將會縮小。MACD理論，即利用正負差離值與其9日平滑均線的相交點，作為判斷買賣訊號的依據。

圖85-1　2013年11月20日大盤的MACD線。

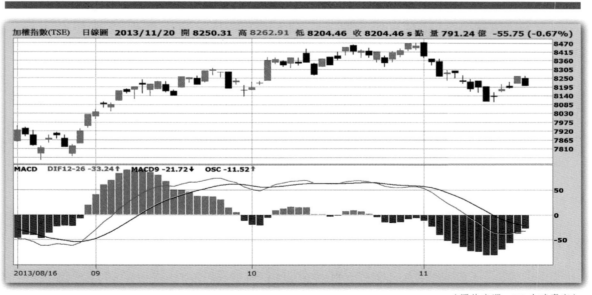

（圖片來源：XQ全球贏家）

二、計算方法

(1)計算平滑係數

MACD一個最大的長處，即在於其指標的平滑移動，特別是對一某些劇烈波動的市場，這種平滑移動的特性能夠對價格波動作較和緩的描繪，從而大為提高資料的實用性。不過，在計算EMA前，首先必需求得平滑係數。所謂的係數，則是移動平均週期之單位數，如幾天，幾週等等。其公式如下：

$$平滑係數 = \frac{2}{週期單位數 + 1}$$

例如：12日EMA的平滑係數為：$\dfrac{2}{12 + 1} = \dfrac{2}{13} \fallingdotseq 0.1538$

例如：26日EMA的平滑係數為：$\dfrac{2}{26 + 1} = \dfrac{2}{27} \fallingdotseq 0.0741$

(2)計算指標平均值（EMA）

求得平滑係數後，即可用於EMA之運算，公式如下：

$$今天指標平均值 = 平滑係數 \times \left(今天收盤指標 - 昨天指標平均值 \right) + 昨天指標平均值$$

依公式可計算出12日EMA

$$12日\ EMA = \frac{2}{13} \times \left(今天收盤指標 - 昨天指標平均值 \right) + 昨天指標平均值$$
$$= \left(\frac{2}{13} \times 今天收盤指標 \right) + \left(\frac{11}{13} \times 昨天指標平均值 \right)$$

同理，26日EMA亦可計算出：

$$26日\ EMA = \left(\frac{2}{27} \times 今天收盤指標 \right) + \left(\frac{11}{27} \times 昨天指標平均值 \right)$$

由於每日行情震盪波動大小不同，並不適合以每日收盤價計算移動平均值，於是有需求指標（Demand Index）產生，需求指標代表每日收盤指標。計算時分別加重最近一日的份量權數（兩倍），即對較近資料賦予較大權值，計算法如下：

$$需求指標（Demand\ Index，DI） = \frac{C \times 2 + H + L}{4}$$

其中，C為收盤價，H為最高價，L為最低價。

故，上列公式中的今天收盤指標，可以需求指標來替代。

(3)計算指標平均的初值

當開始要對指標平均值作持續性的記錄時，可以將第一天的收盤價或需求指標當作指標平均的初值。若要更精確一些，則可把最近幾天的收盤價或需求指標平均，以其平均價位作為初值。此外。亦可依其所選定的週期單位數，來做為計算平均值的基期數據。

三、研判

❶MACD像紅磚牆似的長型柱狀體在0的數值之上時，算是多頭走勢。包括大盤與個股，均如此看待。

❷當DIF向上突破0的時候，就是買進的訊號。

❸當DIF向下跌破0的時候，就是賣出的訊號。

❹當DIF在「0」軸之上向上穿越MACD時，表示可能會有一段上漲的行情；當DIF在「0」軸之下向下穿越MACD時，表示有一波段的下跌走勢。

❺當DIF在「0」軸之下向上穿越MACD時，可能只是反彈，並非波段上漲。當DIF在「0」軸之上向下穿越MACD時，也許只是稍作回檔，未必是波段下跌趨勢。

❻股價在大漲或大跌之後，DIF與MACD會和股價造成「背離」的現象，數值明顯縮小。觀察MACD的走勢，有利於不被「假突破」所蒙蔽。

Key Word *86*
相對強弱指標（RSI）

相對強弱指標RSI（Relative Strength Index的縮寫），是王爾德的創見。他也是創立「亞當理論」的同一人。

王爾德長期觀察商品價格的變動之後發，現任何商品價格的變動，都有一定的法則：如果在短期內，商品的價格漲幅過高或跌幅過深，以致脫離了正常價格軌道時，最後仍舊會回到原來正常價格的軌道上。因此，王爾德就計算出某種商品一段期間內價格變動的強弱指標——就是RSI，從中預測出該商品未來的變動。

後來，有人覺得王爾德用RSI預測預測商品價格的變動，相當的準確，就把這種理論套用在預測股價的變動上。結果發現，原來RSI在預測短期股價的變動上，也有一定的準確度，所以如今在股市的技術分析上已很盛行。

相對強弱指標（Relative Strength Index , RSI）

$$= (\frac{上升平均數}{上升平均數 \ + \ 下跌平均數}) \times 100$$

相對強弱指標的具體計算方法：

上升平均數是在某一段日子裡升幅數的平均；而下跌平均數則是在同一段日子裡跌幅數的平均。

例如我們要計算九日RSI，首先就要找出前九日內的上升平均數及下跌平均數，舉例子如下：

日數	收盤價	升跌	升	跌
第一天	23.7			
第二天	27.9	4.2	4.2	
第三天	26.5	-1.4		-1.4
第四天	29.6	3.1	3.1	
第五天	31.1	1.5	1.5	
第六天	29.4	-1.7		-1.7
第七天	25.5	3.9	3.9	
第八天	28.9	3.4	3.4	
第九天	20.5	-8.4		-8.4
第十天	23.2	2.7	2.7	
小計			14.9	-15.4

第10天上升平均數＝4.20＋3.10＋1.50＋3.40＋2.70／9＝1.66

第10天下降平均數＝1.40＋1.70＋3.90＋8.40／9＝1.71

第10天RSI＝[1.66÷（1.66＋1.71）]×100＝49.26

如果第11天收盤價為25.30，那麼

第11天上升平均數＝[（1.66×8）＋（25.3－23.2）]÷9＝1.71

第11天下跌平均數＝（1.71×8）÷9＝1.52

第11天RSI＝[1.71÷（1.71＋1.52）]×100＝52.94

相對強弱指標的應用：

❶短天期RSI從下向上穿越長天期RSI時，稱為「黃金交叉」，是買進時機；短天期RSI從上向下跌破長天期RSI時，稱為死亡交叉，是賣出時機。

❷當股價漲停板時，RSI多半會形成「黃金交叉」；股價跌停板時，RSI多半會形成「死亡交叉」。只要長期研究，就會發現RSI在股價劇烈變動時，通常會有這種特徵。

❸當RSI大於70時，代表該檔股票漲幅已大，隨時可能回檔；當RSI處於30到70之間的時候，買賣訊號並不明顯；當RSI小於30時，代表該檔股票漲幅已大，隨時可能回檔。這是一般股票教科書的說法，但筆者在其他書上說過，「數值」並不重要，也不一定，重要的是要持續觀察它的「變化」。數據僅可參考，不必迷信，同時這項數據和KD值非常相似，宜和其他指標合併研判。

❹由於RSI過於敏感，時常發生假突破或假跌破的情況，所以不妨採用周線加以研判，較為穩定和準確。

圖86-1　2013年11月20日大盤的RSI線。

（圖片來源：XQ全球贏家）

Key Word *87*
騰落指標（ＡＤＬ）

　　騰落指標（Ａ.Ｄ.Line），是以股票每天上漲或下跌的「家數」作為計算與觀察的對象，借此以瞭解股票市場人氣的盛衰，探測行情內在的動量是強勢還是弱勢，用以研判股市未來動向的技術性指標。

騰落指標的計算方法：

　　計算每天上漲股票家數減去下跌股票家數（無漲跌不計）後的累積值——

$$騰落指標（A \cdot D \cdot Line）= \sum_{i=1}^{t}（上漲家數－下跌家數）$$

起始日期為ＡＤＬ $_{(1)}$，目前日期為ＡＤＬ $_{(t)}$

　　騰落指標與股價指標比較類似，兩者均為反映大勢的動向與趨勢，不對個股的漲跌提供訊號，但<u>由於股價指標在一定情況下受制於權值大的股票，當這些股票發生暴漲與暴跌時，股價指標有可能反應過度，從而給投資者提供不實的資訊，騰落</u>

指標則可以彌補這一類一缺點。

　　由於騰落指標與股價指標的關係比較密切，觀察時應將兩者聯繫起來共同判斷。一般情況下，股價指標上升，騰落指標亦上升，或兩者皆跌，則可以對升勢或跌勢進行確認。如果股價指標大動而騰落指標橫行，或兩者反方面波動，不可互相印證，說明大勢不穩，不可貿然入市。具體來說有以下六種情況。

❶股價指標持續上漲，騰落指標亦上升，股價可能仍將繼續上升。

❷股價指標持續下跌，騰落指標亦下降，股價可能仍將繼續下跌。

❸股價指標上漲，而騰落指標下降，股價可能回跌。

❹股價指標上跌，而騰落指標上升，股價可能回升。

❺股市處於多頭市場時，騰落指標呈上升趨勢，其間如果突然出現急速下跌現象，接著又立即扭頭向上，創下新高點，則表示行情可能再創新高。

❻股市處於空頭市場時，ＡＤＬ呈現下降趨勢，其間如果突然出現上升現象，接著又回頭，下跌突破原先所創低點，則表示另一段新的下跌趨勢產生。

圖86-1　2013年11月20日大盤的騰落指標。

（圖片來源：XQ全球贏家）

Key Word *88*
隨機指標（KD線）

　　隨機指標，是期貨和股票市場最常用而有效的技術分析工具之一。它在圖表上是由％Ｋ和％Ｄ兩條線所形成，因此也簡稱ＫＤ線。隨機指標在設計中結合了動量觀念、強弱指標和移動平均線的優點，在應用過程中主要在於研究高低價位與收盤價的關係，也就是透過計算當日或最近數日的最高價、最低價及收盤價等價格的波動波幅度，以反映價格走勢的強弱勢和超買超賣現象。

　　K值是一個快速變化的數值，D值則是較慢變化的數值，兩者連接起來即成為K線與D線，合稱「KD線」。應用KD線，可根據K值與D值的大小，以及K線與D線交叉的情況找出買賣點。

　　日KD值的計算方法如下：

　　第一步，以3和9為參數。

　　經過長期的試驗和更新、改進，目前一般的技術分析，計算上大多以3和9為計算的參數。

首先，以9天為基數，利用9天內最高股價、最低股價以及收盤價，即可算出第9天的隨機數值。其公式如下：

$$\text{隨機數值} = \frac{\text{第9天收盤價}-\text{最近9天的最低價}}{\text{最近9天內，最高價}-\text{最低價}} \times 100$$

第二步，我們再求出K值（也就是隨機數值的3日平均值），其公式如下：

$$\text{K值} = （\text{前一天K值}\times2/3）+（\text{當天隨機數值}\times1/3）$$
（若無前一天的K值時，也可以用50代入計算）

第三步，繼續求出D值(也就是K值的3日平均值)，其公式如下：

$$\text{D值} = （\text{前一天D值}\times2/3）+（\text{當天K值}\times1/3）$$
（若無前一天的K值時，可用50代替）

KD線的應用原則如下：

❶KD值如果小於20的時候，表示股價跌幅已深，處在超賣區，股價隨時可能翻轉向上，請準備進場買進股票；如果大於80，則表示此股已上漲一段時間，處在超買區，股價隨時可能向下修正，這時投資人應提高警覺，提防套牢。

❷如果K值大於D值時，為上升行情，不宜放空；如果D值大於K值時，為下跌行情，不應作多。

❸當股價處於80的超買區，KD線從向上的趨勢改為走平時，是股價準備向下跌的訊號，應迅速賣出；當股價處於20的超賣區、KD線從向下趨勢變成走平時，則是股價向上攻堅的訊號，應該積極準備進場買股票。如果KD值一直游走於50附近，那只是盤局，宜觀望。

❹觀察KD值交叉的情況，是操盤者非常重要的技術分析功課。當K值向上交叉D值時，這是買進訊號；當K值向下交叉D值時，則是賣出訊號。

❺當大盤處於於高檔時，股價繼續上漲，KD線卻不再創新高；或在低檔時，股價

繼續下跌，KD線卻不再創新低。這是股價與KD線發生背離的現象，表示行情即將反轉，應及時小心因應。

❻根據經驗，運用日KD值來研判短期行情，往往容易出錯，因為它發出的買賣訊號太多了。例如在大多頭走勢，日KD值會在80左右停留很久；在大空頭時期，KD值也常常在20附近停留很久。所以，如果能參考月KD值就比較可靠了。

圖88-1　2013年11月20日「南紡」的KD線交叉向上，顯示做多為宜。

（圖片來源：XQ全球贏家）

Key Word *89*
乖離率（BIAS）

乖離率（Bias）原意為「歪斜、偏離」，引伸用在股票則為「乖離」，是指股價（或加權指標）與平均股價（或平均加權指標）之間的差距程度。乖離過大時，從攤平成本的角度來說，這時是買進的時機。

葛蘭碧移動平均線八大法則中的第八法則說，乖離度的測市原理是建立在：如果股價偏離移動平均線太遠，不管股價在移動平均線之上或之下，都有可能趨向平均線的這一條原理上。而乖離率則表示股價偏離趨向指標的百分比值。

乖離率分正乖離和負乖離。當股價在移動平均線之上時，其乖離率為正，反之則為負，當股價與移動平均線一致時，乖離率為0。隨著股價走勢的強弱和升跌，乖離率週而復始地穿梭於0點的上方和下方，其值的高低對未來走勢有一定的測市功能。一般而言，正乖離率漲至某一百分比時，表示短期間多頭獲利回吐可能性也越大，呈賣出訊號；負乖離率降到某一百分比時，表示空頭回補的可能性也越大，呈買進訊號。對於乖離率達到何種程度方為正確之買進點或賣出點，目前並沒有統

一原則，使用者可依看圖經驗與對行情強弱的判斷得出綜合結論。一般來說，在大勢上升市場，如遇負乖離率，可以順著跌價買進，因為進場風險小；在大勢下跌的走勢中如遇正乖離，可以待回升高價時，出脫持股。

$$乖離 = \frac{當日收盤價-N日內移動平均收盤價}{N日內移動平均收盤價} \times 100\%$$

其中：其中，N日為設立參數，可按自己選用移動平均線日數設立，一般分定為6日、12日、24日和72日，亦可按10日、30日、75日設定。

下面是國外不同日數移動平均線達到買賣訊事號要求的參考數據：

6日平均值乖離：－3％是買進時機，＋3‧5是賣出時機；

12日平均值乖離：－4‧5％是買進時機，＋5％是賣出時機；

24日平均值乖離：－7％是買進時機，＋8％是賣出時機；

72日平均值乖離：－11％是買進時機，＋11％是賣出時機；

圖89-1　2013年11月19日的大盤乖離率。

（圖片來源：XQ全球贏家）

Key Word *90*
動向指標（DMI）

　　動向指標原理是通過分析股價在上升及下跌過程中供需關係的均衡點，即供需關係受價格變動的影響而發生由均衡到失衡的循環過程，從而提供趨勢判斷依據。

圖89-1　2013年11月19日的大盤乖離率。

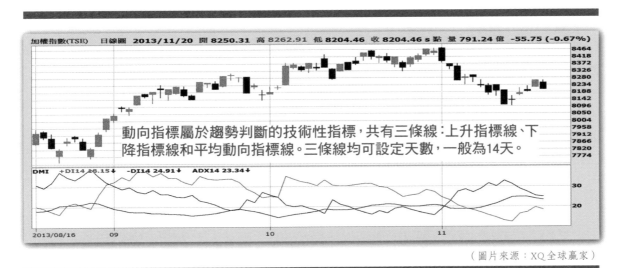

加權指數(TSE)　日線圖　2013/11/20　開 8250.31　高 8262.91　低 8204.46　收 8204.46 s 點　量 791.24 億　-55.75 (-0.67%)

動向指標屬於趨勢判斷的技術性指標，共有三條線：上升指標線、下降指標線和平均動向指標線。三條線均可設定天數，一般為14天。

DMI　+DI14 18.15↓　-DI14 24.91↓　ADX14 23.34↓

2013/08/16　　09　　　　　　　　10　　　　　　　　11

（圖片來源：XQ全球贏家）

Key Word *91*
能量潮（OBV線）

OBV線（On Balance Volume），是「平均量」的意思，也稱為「OBV能量潮」，它是把成交量值與股價間的變化予以數據化，再畫成趨勢線，配合股價趨勢線，從價格的變動及成交量的增減關係，推測市場氣氛，並決定買進或賣出。

OBV線，是美國投資專家葛蘭碧（Granvile Joseph）繼「移動平均線」之外的另一創見。它的理論基礎是市場價格的變動必須有成交量配合，價格的升降而成交量不相應升降，則市場價格的變動難以繼續。

換句話說，股價漲跌是「果」，成交量才是「因」。所以，成交量值一定是走在股價的前面。也就是說，量值是股價的先行指標。OBV線的計算方法：

逐日累計每日上市股票總成交量，當天收盤價高於前一日時，總成交量為正值，反之，為負值，若平盤，則為零。即：

> **當日OBV＝前一日的OBV±今日成交量**

然後將累計所得的成交量逐日定點連接成線，與股價曲線並列於一圖表中，觀其變化。

　　OBV線的基本理論基於股價變動與成交量值間的相關係數極高，且成交量值為股價變動的先行指標，短期股價的波動與公司業績興衰並不完全吻合，而是受人氣的影響，因此從成交量的變化可以預測有股價的波動方向。

　　OBV線的判斷方法是：

❶當股價上漲而OBV線下降時，表示能量不足，股價可能將回跌。

❷當股價下跌而OBV線上升時，表示買氣旺盛，股價可能即將止跌回升。

❸當股價上漲而OBV線同步緩慢上升時，表示股市繼續看好仍有榮面。

❹當OBV線暴升，不論股價是否暴漲或回跌，表示能量即將耗盡，股價可能止漲反
　轉。

圖91-1　2013年11月19日大盤的OBV線。

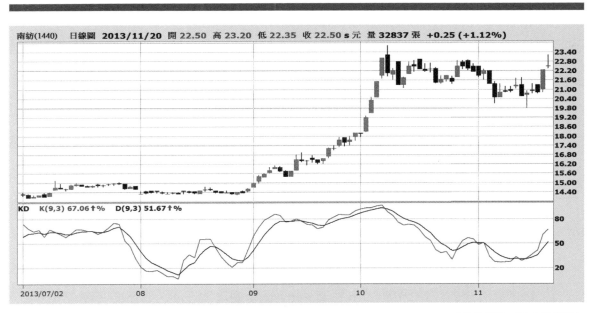

（圖片來源：XQ全球贏家）

Key Word *92*
心理線（PSY）

　　心理線（Psychological Line），簡稱「PSY」，它是利用投資人認為「怎麼上去，就怎麼下來」、「漲多了必跌，跌多了必漲」、「否極泰來」、「樂極生悲」的心理基礎，將某段時間內股市傾向買方還是賣方，將它轉化為數值，形成人氣指標，來做為買賣股票的參考。尤其短線進出者，應多參考心理線。

　　心理線的計算方法，通常用12天為樣本數，最大不超過24，周線的最長不超過26。假設今天是第12天，那麼就拿今天的收盤價跟第11天的收盤價比較，拿第11天的收盤價跟第10天的收盤價比較。依此往前類推。

　　如果第12天的收盤價高於第11天的收盤價，就是上漲；如果較低，就是下跌；如果價格，就是不漲不跌。其他也是依此類推。

　　心理線的計算公式：

$$心理線 = \frac{12天內的上漲天數}{12天} \times 100$$

心理線的運用原則如下：

❶由心理線公式計算出來的百分比值，超過75時為超買區，低於25時是超賣區，百分比值在25～75為常態分佈。但在漲升行情時，應將賣點提高到75之上；在下跌行情時，應將買點降低到45以下。具體數值要憑經驗和配合其他指標。

❷一段上升行情展開前，通常超賣的低點會出現兩次。同樣，一段下跌行情展開前，超買的最高點也會出現兩次。在出現第二次超賣的低點或超買的高點時，一般是買進或賣出的時機。

❸當百分比值降低至10或10以下時，是真正的超買區，是一個短線搶反彈的機會，應立即買進。

❹心理線主要反映市場心理的超買或超賣，因此，當百分比值在常態區域上下移動時，一般應持觀望態度。

❺高點密集出現兩次為賣出訊號；低點密集出現兩次為買進訊號。

❻參考心理線，可以找出每一波的高低點，以便決定短線買賣點。

圖92-1　2013年11月20日的大盤心理線。

（圖片來源：XQ全球贏家）

Key Word *93*
動量指標（MTM）

　　動量指標（Momentomindex），簡稱為「MTM」。它是一種專門研究股價波動的技術分析指標，用來分析股價波動的速度為目的，研究股價在波動過程中各種加速、減速、慣性作用以及股價由靜到動或由動轉靜的現象。

　　動量指標的理論基礎，是將股價波動的關係由動能的速度來決定。

　　股價漲幅與跌幅會隨著時間的流逝而逐漸減少，到最後必然會產生行情反轉。動量指標就是計算股票價格波動的速度，並確認它到達頂部（強勢）或進入底部（弱勢）的時機。

　　從這個趨勢線可知，當股價剛在上漲初期的時候，上漲加速度將會越來越快，後來當股價已快到達高檔時，它的上漲加速度就會慢慢減緩下來，這是上漲波的末期。這時的股價是很容易反轉的。

　　另一方面，當股價剛在下跌的初期，它的下跌加速也會越來越快，然後當股價快到谷底時，下跌加速度就會慢下來，這是下跌波的末期，股價很容易反彈。

MTM可採以下計算方式：

先選用一時間作為基期，再將當日收盤價減去距今時間基期天數前的收盤價，就出現一個動量值。普通所採用的時間基期為10日。

當動量值已逐漸增加，且突破了零點，代表此時為上漲波的初期，其上漲速度將會遞增，投資人應及早進場買進；當動量值已開始減少，且跌破了零點，代表熊市將來臨，之後下跌速度將逐漸增加，此為反轉的警訊，投資人應慎時出場。

圖93-1

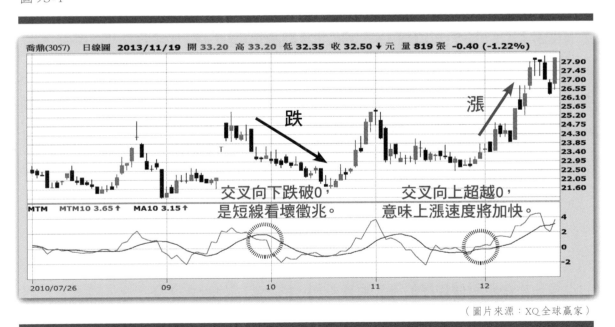

（圖片來源：XQ全球贏家）

Key Word *94*
振盪指標（OSC）

振盪指標（Oscillator），簡稱「OSC」，是動量指標的另一種技術分析形態。

根據供需原理，運用股價變動時的「速度」觀念，我們可以發現股價的漲幅隨著時間的增加而一天天縮小了，這時上漲動量變小了，行情反轉機率升高；相反的，空頭行情也是一樣。動量指標主要是在衡量股價上升或下降的速度，因為股價在達到最高峰前，其上升速度會先達到高峰；相反的，股價在達到谷底前，其下降速度會先達到谷底。因此，運用該項變化可以作為進出股市的依據。

OSC與MTM的基本假設與運用方式大致相同，但計算上面方法有所不同：

1.MTM＝當天收盤價－N天前的收盤價

2.OSC＝(當天收盤價)÷(N天前的收盤價)×100

運用振盪指標的方法，好處是可以藉此觀察股市是否呈現「超買」或「超賣」的現象，來決定一個最好的進場買賣時機。

振盪指標（OSC）的計算方式，是先選定一個時間基期，再把當天收盤價除以

距今時間基期天數前的收盤價，所得出的數字再乘100，結果就是「振盪值」。

$$振盪值 = \frac{當日收盤價}{距今時間基期天數前的收盤價} \times 100$$

利用「振盪值」買進或賣出股票的原則：

（一）當大盤指標為上漲格局時，此時振盪值將大於100；相反的，當大盤指標為下跌格局時，振盪值會小於100。簡單地說，OSC在100以上時，為多頭行情；OSC在100以下時，為空頭行情。

（二）當振盪值大於120時，雖然大盤指標仍處於上漲格局，但因市場過度樂觀、買盤數量增加過多，股市已呈現超買的情況，不利於後市。

（三）同樣的，當振盪值小於80時，雖然大盤仍屬空頭行情，但已到了末波段，股市呈現超賣，所以大盤或個股的多頭行情就容易捲土重來。

圖94

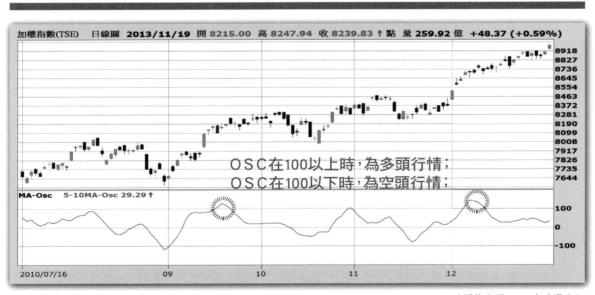

（圖片來源：XQ全球贏家）

Key Word *95*
威廉指標（WMS％R）

　　威廉指標（WMS%R），也稱為「威廉超買超賣指標」，主要是用數值來評估是否已經超買或超賣。

　　所謂威廉氏超買超賣指標（WMS%R），就是衡量當日收盤價與股市一定週期內最高價的差距。基本上，這項週期大多用12天作為單位，其計算公式是用週期內最高價－當日收盤價，除以「週期內最高價－週期內最低價」，然後再乘以100，就是威廉指標的WMS%R值。

$$WMS\%R = \frac{週期內最高價－當日收盤價}{週期內最高價－週期內最低價} \times 100$$

　　利用威廉指標買進賣出的原則：

❶當WMS%R值低於20以下，代表大盤上漲趨勢已持續一段時日，多方部位大幅增加，市場呈現超買的警訊，此為牛市末期，投資人應及早獲利了結。

❷當WMS%R值高於80以上，代表大盤下跌趨勢已到了末段，市場過度悲觀，呈現

超賣的情況，投資人宜進場佈局。

❸若WMS%R值由20向上增加且通過50，顯示投資人已開始看壞後市，空方部位持續增加，須及早設立停損點、慎時殺出。

❹若WMWS%R值由80向下減少且突破50，表示股市仍持續看漲，雖然，大盤已處上升趨勢中期，但投資人仍可進場追高。

❺當％R線突破或跌穿50中軸線時，亦可用以確認強弱指標的訊號是否正確。因此，投資人如能正確應用威廉指標，觀察其買賣超現象，對行情走勢就有較明確的判斷。

　　威廉指標屬於研究股價波幅的技術指標，透過分析一段時間內高、低價位與收盤價之間的關係，反映市場的強弱及買賣氣勢。由於威廉指標的敏感性較強，在操作過程中，如完全按照它的訊號進出股市，所以還需參考其他指標，以發揮互補功能未免過於頻繁。

圖95-1　以聯電（2303）為例，利用「威廉指標」選擇買進時機。

（圖片來源：XQ全球贏家）

Key Word *96*
停損點轉向操作系統（SAR）

　　停損點轉向操作系統也稱為「拋物線轉向操作系統」，因為它是利用拋物線的方式，隨時調整停損點位置，用來觀察買賣點所在。由於停損點是以弧形的方式移動，所以是一種拋物線轉向指標。**這項技術分析比較專業，但操作簡單，買賣點明確，出現訊號即可進行；SAR與實際價格、時間長短有密切關係，可適應不同型態股價的波動特性。**但它的計算與繪圖比較複雜，且在盤局中經常交替出現訊號，失誤率很高。我們認為，知道有這種技術分析指標即可，未必一定要太深入研究。

　　拋物線轉向指標的計算方法：

❶先選定一段時間，判斷為上漲或下跌。

❷如果是看漲，則第一天的SAR值必須是近期內的最低價；如果是看跌，則第一天的SAR必須是近期的最高價。

❸第二天的SAR，則為第一天的最高價（看漲時）或是最低價（看跌時）與第一天的SAR的差距乘上加速因數，再加上第一天的SAR，就可求得數值。

❹每日的SAR都可用上述方法類推，歸納公式如下：

$$SAR_{(n)} = SAR_{(n-1)} + AF(EP_{(n-1)} - SAR_{(n-1)})$$

$SAR_{(n)}$：第 n 日的SAR值；$SAR_{(n-1)}$：第（n-1）日的SAR值
ＡＲ：加速因數；ＥＰ：極點價（如果是看漲一段期間，ＥＰ為這段期間的最高價，如果看跌一段時間，ＥＰ為這段期間的最低價）；$EP_{(n-1)}$：第（n-1）日的極點價。

❺加速因數第一次取0.02，假若第一天的最高價比前一天的最高價還高，則加速因數增加0.02，若無新高則加速因數沿用前一天的數值，但加速因數最高不能超過0.2。反之，下跌也類推。

❻如果是看漲期間，計算出某日的SAR比當日或前一日的最低價高，則應以當日或前一日的最低價為某日之SAR；若是看跌期間，計算某日之SAR比當日或前一日的最高價低，則應以當日或前一日的最高價為某日的SAR。

　　拋物線轉向指標的買賣進出時機，是價位穿過SAR時，也就是向下跌破SAR便賣出，向上越過SAR就買進。

圖96-1　上圖為大盤在2013年10月11日的SAR線。

（圖片來源：XQ全球贏家）

Key Word *97*
短線操作機制（ＣＤＰ）

當沖老手大都知道什麼叫做CDP操作法。因為這是一種當日沖銷的超短線操作法。它是源於美國流行的期貨交易超短線操作法，也有人把它譯為「逆勢操作系統」或「逆勢操作法」。

這種操作法最強調的是，指標或個股的開盤價特別值得重視。開平盤、開高盤或是開低盤，都會影響當天行情走勢。

先算出昨日行情的CDP值：

$$CDP = \frac{最高價＋最低價＋（\,2×收盤價\,）}{4}$$

接著，再運用以下的公式，分別計算出個股的最高值（ＡＨ）、近高值（ＮＨ）、近低值（ＮＬ）、最低值（ＡＬ）：

$$AH（最高值） = CDP+（最高價-最低價）$$
$$NH（近高值） = 2×CDP-最低價$$
$$NL（近低值） = 2×CDP-最高價$$
$$AL（最低值） = CDP = -（最高價-最低價）$$

所謂CDP的短線操作法，是當沖客該懂的一種理論，卻未必一定要迷信它。根據筆者數千次以上的當沖經驗，它從未有太大的幫助。如果你有興趣，可以照著它的公式套用看看，在台灣股市據以買進、賣出的準確率並不高的。

它的進一步意義是：

❶首先你要根據昨日的行情，算出五個數字，就是最高值（AH）、近高值（NH）、近低值（NL）、最低值（AL）以及CDP值（就是平均值）。

❷然後把近高值與近低值之間，視為一個股票箱的「箱型」。

❸如果跳空往上開出高盤的話，表示作多的訊號，股票會上漲。所以，當開盤價還沒超過最高值（AH）而已經很接近的時候，就要追價買進。

❹如果跳空往下開出低盤的話，表示作空的訊號，股票會下跌。所以，當開盤價還沒低於最低值（AH）而已經很接近的時候，就要追價賣出。

❺盤中行情自會震盪起伏，買點可選在低於近低值（NL）時買進，賣點則可選在近高值（NH）時賣出。

事實上，CDP的短線操作法，只是一種「理想」而已，理想與實際總是有一些差距的。ＣＤＰ最適合於上下振盪的盤局行情，選擇高賣低買的區間賺取短線利潤。對於大漲大跌的行情，尤其是衝破壓力價和支撐位時，為避免軋空或橫壓，需設停損點，防止突發性利多或利空的影響。

CDP的短線操作法，是一種逆向操作法，如逆水行舟，在美國有很多股市老手愛用。可用於大盤指標，也可用於個股。

以國巨（代號：2327）來說，它在2010年3月5日（星期五）開盤價是11.05，

最高價是11.25，最低價是11，收盤價是11.1。

CDP＝【11.25＋11＋（2×11.1）】÷4＝44.45÷4＝11.1125

我們只求到小數點第二位數，所以它的CDP就是11.11

AH（最高值）＝CDP＋（最高價－最低價）＝11.11＋（11.25－11）＝11.36

NH（近高值）＝2×CDP－最低價＝2×11.36－11＝11.72

NL（近低值）＝2×CDP－最高價＝2×11.36－11.25＝11.47

AL（最低值）＝CDP－（最高價－最低價）＝11.11－（11.25－11）＝10.82

結果呢？它的第二個交易日——2010年3月8日（星期一）開盤價是11.3，最高價是11.7，最低價是11.25，收盤價是11.65。是不是不準呢？

不過，CDP超短線操作法，比較適用於「區間盤整」的個股。大致上在盤下1～2％附近買進，然後盤上2～3％附近軋掉。因為用此法運算的結果，每一檔股票的「箱型」大致不出於如此的範圍。

如果真如CDP操作法這樣「理想」的話，那當沖也沒什麼絕技可言了。台灣股市暴漲暴跌的習性，其實是「不是猛龍不過江」的！如果對超短線投資術有興趣的話，建議購買本社出版的《當沖大王》一書（方天龍著／恆兆文化出版），內中有深入淺出的解說。

Key Word *98*
成交筆數分析

　　成交筆數分析，是根據成交次數、筆數的多少，用來瞭解大盤人氣的聚散情況，以研判因人氣的強、弱勢變化，可能產生的股價走勢。

　　由於大部分投資人多半採取「順勢而為」的操盤模式，所以大盤的成交筆數，自然和個股的成交量有連動關係。

　　分析成交筆數時，需要知道的要點如下：

❶在股價高檔時，成交筆數較大，且股價下跌，為賣出時機。

❷在股價低檔時，成交筆數放大，且股價上升，為買進時機。

❸在股價高檔時，成交筆數放大，且股價上升，仍有一段上升波段。

❹在股價低檔時，成交筆數縮小，表示股價即將反轉，為適合介入的時機。

　　大抵來說，成交筆數分析比較不適用於短線操作。在中、長線規畫時，也可採用平均量指標輔助研判。

　　平均量就是每筆交易的平均成交量，它是用來測知大戶是否進場買賣股票的有

效方法，從平均量的變動情形將可以分析股價行情的短期變化，其研判原則如下：

❶平均量＝成交量÷筆數。

❷平均量增大，表示有大戶介入；平均量減小，表示多是小散戶在買賣股票。

❸在下跌行情中，平均量逐漸增大，顯示有大戶買進，股價可能在近日內止跌。

❹在上漲行情中，平均量逐漸增大，顯示有大戶出貨，股價可能在近日止漲下跌。

❺在上漲或下跌行情中，平均量沒有顯著的變化，表示行情仍將維持現狀一段時間。

❻在一段大行情的尾聲、進入盤局時，平均量很小且無大變化，則表示大戶仍在觀望，尚未進場。

　　以下是2010年3月2日的台股大盤走勢圖，圖片下方有成交筆數資訊：

圖97-1

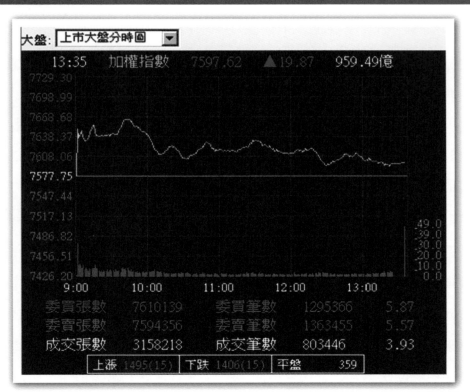

（圖片來源：作者提供）

Key Word *99*
加權指標的成交總數（TAPI）

    TAPI（Trading Amount Per Weight Stock Price Index）的意思是「每一加權指標的成交總數」，一般都稱為「TAPI線指標」，也可以直接稱為「TAPI線」。

    當我們要使用「量」來研判股市是否「人氣活絡」的時候，一般人都只會考慮看看「成交量」這樣一個簡單的因素，而忽略了大盤指標與「成交量」之間的對應關係，容易有盲點。根據「成交量值是股價的先行指標」的理論，觀察成交量值與股價之間的變化，從中研判出未來股價的走勢，仍應觀察TAPI線，比較周全。

    對大盤與個股來說，算出TAPI值的方法不太一樣，公式如下：

    大盤TAPI值＝當天成交值除以當天加權股價指標。這裡，成交值指的是大盤當天成交的總金額。個股TAPI值＝當天成交量除以當天收盤價。這裡，成交量指的是個股當天成交股數。必須注意的是，大盤用的是成交值，個股用的是成交量。

    但是，不論用成交值或成交量，都能代表成交總數，也能看出它們的「動能」到底有多大。然後，我們把每天算出來的TAPI值當成「點」連接起來，就成為

TAPI線了。使用TAPI線的買進賣出原則：

❶當大盤指標上漲，同時TAPI值也跟著上升，就表示股市的人氣隨著指標上漲而匯集。那麼投資人必然有追價意願。基於量值是價的先行指標。當TAPI線走在股價之前，領先上升時，後市看好，宜買進。

❷當TAPI線走在股價之前，領先下跌時，後市看壞，宜賣出。

❸股價在一路上漲時，TAPI線的高點卻一波比一波低，就表示股價與TAPI背離、動能不足，股價有可能下跌。

❹股價在下跌一段期間量縮之後不久，TAPI線突然上升，這表示買盤介入，股價有可能上升。

❺股價漲幅已高之後，發現股價有反轉下跌的現象時，如果TAPI線也呈現下跌走勢時，應迅速賣出。

❻股價跌幅已深之後，發現股價有反轉上升的現象時，如果TAPI線也呈現上升走勢時，應立刻買進。

　　舉例來說，2010年3月2日大盤的成交值（大盤當天成交的總金額）＝959.49億。這個數字除以當天加權股價指標7597.62，得到的大盤TAPI值＝0.126。

圖99-1

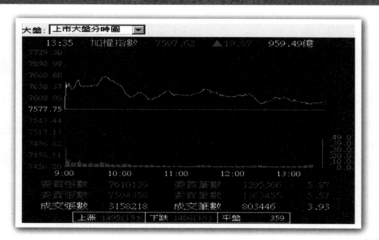

（圖片來源：作者提供）

依此類推，可以算出前一天的大盤TAPI值、後一天的大盤TAPI值。然後我們就可以知道TAPI值是在上升中，還是下降中。

同理，個股的TAPI值也不難算出。舉例來說，2010年3月2日元大金（代號：2885）的成交量（成交股數）＝35,115張。這個數字除以當天的收盤價（19.15元），就可得到當天的個股TAPI值＝1,833.681。

我們這張圖片，就可以看出2010年3月1日元大金的成交量為79,975張，收盤價為18.85元。所以，同樣的公式，我們也把它的TAPI值算出來。

79,975張÷18.85元＝4,242.705（3月1日TAPI值）

從3月1日TAPI值4,242到3月2日TAPI值1,833這兩天的變化，即可知道元大金在3月2日這一天的人氣活絡遠不如前一天了。

不過，投資人如果有興趣，可以算個一週的TAPI值來比較，這樣才客觀。例如3月2日這天它的尾盤突然有往上拉的傾向，也暗示著隔日的可能變化。所以，TAPI值的取樣必須多一些，才有參考價值。

圖99-2

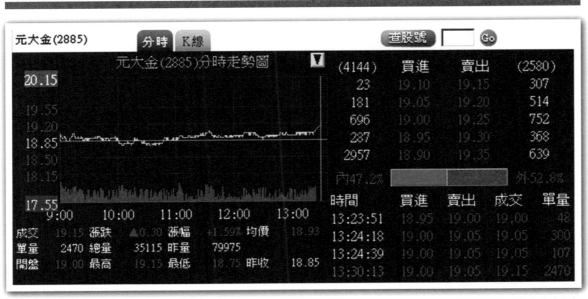

（圖片來源：XQ全球贏家）

Key Word *100*
寶塔線

　　寶塔線是英文Tower Line直譯，由於圖形看起來很像一座寶塔，因而得名。

　　它是以黑紅（虛體、實體）的棒線來表示股價的漲跌，並且根據線路的翻紅或翻黑，來研判股價漲跌的趨勢。也就是說，寶塔線翻紅就買進，翻黑就賣出。它能將多空之間拚殺的過程與力量的轉變表現在圖中，並顯示適當的買進與賣出時機。

　　畫寶塔線與K線有異曲同工之妙，但寶塔線完全不考慮成交量值，只關心股價的變化，用紅黑體線畫出每天股價漲跌；同時，寶塔線也不考慮開盤價、最高價、最低價，只根據開盤價與收盤價的資料畫成的，而K線則是根據開盤、收盤、最高、最低價等四項資料畫成。

　　寶塔線的特徵與點狀圖類似，意即並不是記載每天或每週的股價變動過程，而是當股價續創新高價（或創新低價），或反轉上升或下跌時，再加以記錄、繪製。

　　綜合來說，寶塔線有以下這些特色：

❶寶塔線是一種簡便可行的操作工具，翻紅就買進，翻黑就賣出。能夠賺到波段的

利潤，目前已是歐美股市常用的技術分析工具之一。

❷當大盤於盤局時，「日」寶塔線比較不適用。建議改用「週」寶塔線。

❸寶塔線翻紅之後，股價後市總會延伸一段上升行情。

❹寶塔線翻黑之後，股價後市總要延伸一段下降行情。

❺盤局時寶塔線小翻紅，小翻黑，可依設定損失點或利潤點之大小決定進出。

❻盤局或高檔時寶塔線長黑而下，應即獲利了結，將手中持股賣出；反之，翻紅而上，則是介入時機。

❼寶塔線分析若能再與K線，移動平均線等共同運用，效果更佳。

❽寶塔線翻黑下跌一段後，突然翻紅，須防範為假突破之現象，不可馬上搶進，須察3天。最好配合K線與成交量觀察再作決定。

❾寶塔線只關注股價的變化，卻忽略了成交量值的因素，這是它的缺點。

如果在運用寶塔線時，能同時注重價量變化，並參考TAPI線、OBV等技術分析的數據，就比較準確了。

圖100-1 「台積電」（2330）在2013年11月19日的寶塔線。

（圖片來源：XQ全球贏家）

Key Word *101*
新價三線

　　新價三線是由日本江戶時代的米市交易流傳下來的，市場有人稱為「新三價線」，或「三線反轉圖」，概念與「寶塔線」很類似，是一種判別中長期多空趨勢方向的指標。

　　由於一般陽線或陰線的變動不大（因為不會每天或每週都出現新高價或新低價），股價要超越3根陽線或陰線都沒那麼快，尤其在整理格局中，新價三線翻紅或翻黑的幅度不大，也就是說，三根陽線或陰線的差距很小，所以如果這時候運用新價三線買進或賣出的績效會大打折扣。這個指標比較適合用在判斷波段行情的多空趨勢轉變上。

　　當新價三線翻紅或翻黑時，反轉陽線或陰線，如果只是小紅及小黑線，表示反轉訊號不強；如果是中紅線、或中長紅線，及中黑線、或中長黑線，則反轉訊號較強。如何畫新價三線呢？說起來複雜，有些對這一套技術分析方法有獨到研究的專家（例如廖繼弘），都有他們各自的訣竅。也不便在此詳細說明。

圖 101-1

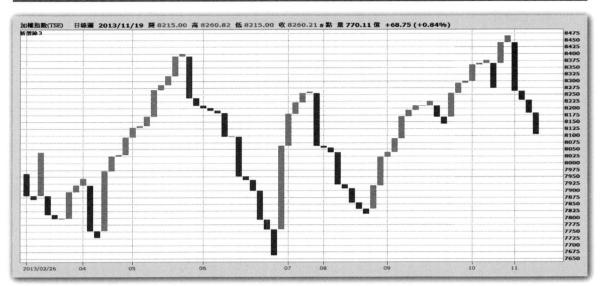

加權指數(TSE)　日線圖　2013/11/19　開 8215.00　高 8260.82　低 8215.00　收 8260.21 s 點　量 770.11 億　+68.75 (+0.84%)
新價線3

（圖片來源：XQ全球贏家）

· 國家圖書館出版品預行編目資料

以股創富101個關鍵字	/方天龍 作.
-- 增訂初版 . -- 臺北市：	恆兆文化，2013.11
232面； 21公分×28公分	（股票超入門；14）
ISBN 978-986-6489-55-6 （平裝）	
1.股票投資 2.投資技術 3.投資分析	
563.53	102023799

股票超入門系列 14：

以股創富 101個關鍵字

出 版 所	恆兆文化有限公司
	Heng Zhao Culture Co.LTD
	www.book2000.com.tw
發 行 人	張正
作 者	方天龍
封 面 設 計	David
版 次	增訂初版
插 畫	韋懿容
電 話	＋886-2-27369882
傳 真	＋886-2-27338407
地 址	台北市吳興街118巷25弄2號2樓
	110,2F,NO.2,ALLEY.25,LANE.118,WuXing St.,
	XinYi District,Taipei,R.O.China
出 版 日 期	2013/11
I S B N	978-986-6489-55-6(平裝)
劃 撥 帳 號	19329140 戶名 恆兆文化有限公司
定 價	249元
總 經 銷	聯合發行股份有限公司 電話 02-29178022

特別銘謝：
本書採用之技術線圖與資料查詢畫面提供：
嘉實資訊股份有限公司

網址：http://www.xq.com.tw